»The past is only a memory, the future a fantasy.
It's only in the present that we truly live.«

»Die Vergangenheit ist nur eine Erinnerung,
die Zukunft eine Phantasie.
Es ist nur die Gegenwart, in der wir wahrhaft leben.«

Michael Wüstefeld

KINO-

GESCH

ICHTEN

Vorprogramm
Fernsehen in der Baracke

Als von einem Tag zum anderen in der »guten Stube« der Eltern ein Fernseher stand, hatten andernorts die Lichtspiele schon von mir Besitz ergriffen. Kein Wunder, denn als das familiäre Großereignis im Oktober 1970 eintrat, war ich schon großjährig. Längst hatten Laika und Gagarin die Erde umkreist, waren Armstrong, Collins und Aldrin mit Apollo 11 zu tollkühnen Männern auf dem Mond geworden, und alle zusammen hatten sie Fernsehgeschichte geschrieben. Nur bei uns nicht. Trotzdem war mir das fernsehlose Zuhause nie als eine Mangelerscheinung vorgekommen. Zwar gab es damals Mangel genug, »Schmalhans ist Küchenmeister« und andere Spruchweisheiten bestimmten die Tage, aber wenigstens an Kinos mangelte es nicht. Außerdem wurde die Wohnstube von einem Radioapparat aufgewertet, der mein Interesse weckte und die Fernsehlosigkeit hinlänglich ausglich, weil unter seinem aufklappbaren Gehäusedeckel ein Plattenspieler verborgen war. Dabei hatte sich der Radiokonstrukteur ein reizvolles Detail einfallen lassen oder er hatte sich schlichtweg bei den Konstruktionsmaßen vertan, denn wenn sich dort eine Langspielplatte drehte, ragte ihr äußerster Rand durch einen Schlitz in der hinteren Gehäusewand hinaus. Allein das war spannend genug. Richtig spannend wurde es aber erst dann, wenn dort die 1965 bei Amiga erschienene Platte kreiste, die schlicht und einfach »The Beatles« hieß und dem Freund meiner großen Schwester gehörte. Die Hülle in knalligen Farben. Schrift himmelblau, Bildhintergrund grasgrün. Die Jungs schwarzweiß, drei schwenkten Dudelsäcke, einer schleppte die Pauke. Das hätte auch eine schottische Volksmusikgruppe sein können, waren aber »The Beatles«. Viel wußte ich damals über das

»Yeah, Yeah, Yeah« nicht. Der Freund meiner großen Schwester übte mit mir das »th«, bevor er mir die Platte ein paar Tage überließ. Wozu also einen Fernseher?

Wenn aber doch spektakuläre Ereignisse den Gebrauch eines solchen Gerätes verlangten, gab es für Vater als Hausmeister mit Schlüsselgewalt und kollegialen Beziehungen zur Betriebswache der Technischen Hochschule die Möglichkeit, die Familie in die FDJ-Baracke einrücken zu lassen, in der ein Fernsehapparat stand. Eigentlich tut es nichts zur Sache, aber der Genauigkeit wegen sei erwähnt, daß später sowohl Vater als auch Hochschule aufgewertet wurden, indem sie sich fortan Objektleiter beziehungsweise Technische Universität nennen durften. Gewiß war es nicht im Sinne der FDJ-Leitung, den vermutlich für Agitations- und Propagandazwecke angeschafften Fernseher dem gemeinnützigen Gebrauch durch Hausmeisterfamilien ausgesetzt zu wissen. Aber Vater hatte schon immer einer allumfassenden Auslegung des Begriffs »Volkseigentum« angehangen. Wahrscheinlich erfuhr die FDJ-Leitung nie von der Zweckentfremdung des volkseigenen Fernsehapparates, denn diese Art von gewaltloser Annektierung war von der Familie auf das strengste geheimzuhalten. Das war uns, den Schwestern und mir, mit Nachdruck eingebläut worden. Zu keinem ein Sterbenswort, das kann mich die Stellung kosten, hatte Vater gesagt.

Wenn aber die Fußballnationalmannschaft der DDR mit den Gebrüdern Ducke gegen Ungarn antrat oder wenn »Da lacht der Bär« aus dem Berliner Friedrichstadtpalast übertragen wurde oder wenn Gaby Seyfert bei einer Eiskunstlaufmeisterschaft im Schatten von Peggy Fleming trotzdem medaillenverdächtig war, dann konnte es sein, daß die Familie unter Führung des Hausmeistervaters in die FDJ-Baracke ging. Es muß ein komischer Anblick gewesen sein, zu sehen, wie wir fünf über das damals noch umzäunte Hochschulgelände schlichen, darauf bedacht, möglichst unsichtbar zu sein. Vater trug in der gebeulten Tasche des Hausmeisterkittels zumeist eine Bierflasche, Mutter trug ein Stullenpaket, die Schwestern hatten ein paar Wolldecken unter den Armen und ich, das Nesthäkchen, trug nichts als die hoch gestimmte Erwartung auf einen der seltenen Fernsehabende. Das Fernsehzimmer in der Baracke hatte außer dem gepriesenen Apparat nichts, was gemütlich genannt werden konnte. Es roch nach Blauhemdschweiß, Bohnerwachs und kaltem Rauch. Die Stühle waren vom vielen Agitieren hart. Erst wenn der Fernseher seine schwarzweißen Bilder erzeugte, wir eingehüllt waren in das unverwechselbar bläuliche Licht und in die Decken, die Mutter verteilt hatte, ließen mich die Bildschirmspiele glauben, ich säße für eine kleine Weile am Nabel der Welt.

Otto-Buchwitz-Saal
Dülferstraße

Abgesehen vom Fernseher in der Baracke waren meine ersten Lichtspiele gar kein Kino, sondern nur ein Saal. Daß der Saal nichts mit einem Kino gemein hatte, ließ schon sein Name ahnen, denn der, nach dem der Saal benannt war, war weder Regisseur noch Schauspieler. Aber oftmals ist es ja so: Gerade aus dem Schatten heraus bietet sich ein besonderer Blick auf Lichtspiele vielerlei Art. Und dieser Saal bot mir die ersten Filme, zündete eine schier unstillbare Neugierde, was mir bald schon Kinos öffnen sollte, die eine solche Bezeichnung wirklich verdienten. Der Otto-Buchwitz-Saal in der Dülferstraße war Festsaal der Hochschule, in dem Immatrikulations-, Frauentags- und Weihnachtsfeiern gleichermaßen stattfanden. Jeden Freitag hängte Vater in den dafür vorgesehenen Schaukasten das Plakat, mit dem der Donnerstagsfilm angekündigt wurde. Vaters auffallend geschwungene Schreibschrift hatte die Lücken zwischen dem Vorgedruckten ausgefüllt: »Sie sehen diesen Film am ... um ... Uhr im ...«. Die Anfangszeiten der zwei Vorstellungen differierten von Woche zu Woche geringfügig. Mal hieß es Dülferstraße, dann wieder Dülfertstraße. Aber Otto Buchwitz schrieb Vater niemals falsch. Donnerstagmittag standen im Saal noch Tische geordnet und übereck auf dem gebohnerten Parkett, wurden Mitarbeiter und Assistenten der Technischen Hochschule mit Mensaessen, das beschönigend »Wahlessen« hieß, abgespeist. Nachmittags schon waren die Tische verschwunden, richteten sich Stuhlreihen zur Bühne hin aus.

Für mich als Knirps kam nur die Nachmittagsvorstellung in Frage. Etwas später dann und in Begleitung mindestens eines Erziehungsberechtigten durfte es auch einmal die Abendvorstellung sein. Von der Hausmeisterwohnung war es nur ein kurzes Stück die Straße hinauf, die links von alten Linden, rechts noch von Resten der Gefängnisruine hinter dem Landgericht gesäumt war. An der nächsten Ecke links herum, am Rektoratsgebäude vorbei, und am Lebensmittelladen, den alle »Rundteil« nannten, wieder rechts, schon war ich da. Helmholtz-, Mommsen-, Dülferstraße. Ein Physiker, ein Historiker, ein Architekt. Was für stolze Namen streifte der ins Kino flitzende Junge auf seinem kurzen Weg, nachdem er bei Mutter um Erlaubnis und Eintrittsgeld gebettelt hatte, Namen, die dem nicht einmal Zehnjährigen nichts sagten, die nur beliebige Wörter waren. Aber Namen und Wörter fochten ihn noch nicht an, Hauptsache beim Mensapförtner gab es die Eintrittskarte und oben im Saal den »Tierfänger«.

Weil Farbfilme für ihn damals Buntfilme waren, er Tiergeschichten mochte und sie, wie man immer wieder scherzhaft zu hören bekam, in einer Art autonomen Sowjetrepublik lebten, mußte es zwangsläufig so kommen, wie es dann kam: Sein erster Kinofilm war der bunte sowjetische Tierfilm »Tierfänger«. Allerdings war dem Jungen gleichgültig, daß Gleb Nifontow Regie führte, von dem er wenig später noch den Kinderfilm »Die grüne Patrouille« sehen würde. Auch, daß der junge Tierfänger Jegorow hieß, war ihm egal, nicht einmal diesen Namen merkte er sich. Was ihm in Erinnerung blieb, waren Tiger in tief verschneiter Taiga und Fellmützen auf Männerköpfen. Im Film stellten die Männer unter den Fellmützen mit Geduld und Güte den sibirischen Raubkatzen nach, um sie am Ende mit gewaltigen Astgabeln lebend zu fangen. Was den Jungen staunen ließ, war, daß das, was in der Filmwirklichkeit Tage und Wochen in Anspruch nehmen sollte, in der Saalwirklichkeit nur wenige Minuten dauerte. Vielleicht, dachte er, war es mit der Zeit im Film so ähnlich wie mit der Zeit im Märchen, in denen es meistens heißt: »Es war einmal vor langer, langer Zeit …« oder »hundert Jahre später am selben Tag«. Schon in den Märchenstunden hatte er sich redlich bemüht, die Sache mit der Zeit zu verstehen, aber es war ein aussichtsloses Unterfangen. Für den allerersten Anfang seiner Lichtspiele war der von »Mosnautschfilm« produzierte »Tierfänger« aufregend anzusehen, obwohl er wenig mit dem Leben, wie der Junge es kannte, gemein hatte, selbst dann nicht, wenn er sich wieder und wieder in die Gedankentaiga begab und versuchte, die Familienkatze mit einer Astgabel zu fangen.

Einen nächsten Sowjetfilm, den er im zarten Kinoalter und im Otto-Buchwitz-Saal sah, hatte er seinen Schwestern zu verdanken. »Serjoscha« war nach Mario Lanza und vor »Der Amphibienmensch« einer ihrer Lieblingshelden. Sie schleiften ihn geradezu in diesen Film, von dem er sich weder Spannung noch Komik erhoffen konnte, denn die Schwestern hatten ihm erzählt, daß dieser »Serjoscha«, der die Hauptrolle spielt, ein kleiner Junge wie er selbst sei. Aber genau das war es, was ihn abschreckte. Er mochte schon damals keine Kleine-Jungs-Filme, die ihm zeigten, wie sehr er den Jungs in solchen Filmen glich. Immerhin waren die Bilder auf der Saalleinwand wieder bunt. Im Programmheft, herausgegeben vom VEB Progress, war der »Mosfilm« mit dem Untertitel versehen: »Eine Kostbarkeit sowjetischer Filmkunst«. Das las sich wie eine Drohung, als wäre derjenige, der es versäumt, diesen Film zu sehen, nicht nur Kulturbanause, sondern auch unwürdig, Mitglied einer sozialistischen Hausmeisterfamilie zu sein. Ich glaube mich zu erinnern, wie es mir damals beim Buchstabieren der russischen Darstellernamen in der Rollenliste nicht in den Kopf wollte, wieso der Film-Serjoscha in Wirklichkeit gar nicht Serjoscha hieß, stattdessen aber ein Serjoscha Metelizyn aufgelistet war, der einen ganz anderen Jungen spielte. Den Serjoscha-Jungen spielte Borja Barchatow, der ihm, dem Saal-Jungen, in den kommenden Kinojahren nie wieder in anderen Rollen begegnen sollte, der später vielleicht statt Schauspieler ein »Verdienter Wissenschaftler des Sowjetvolkes« wurde. Allerdings muß ich zugeben, viel Zeit verbrachte ich damit nicht, die Wirklichkeit von der Filmgeschichte zu trennen. Meistens fiel alles in eins. Ob ich vormittags zur Schule ging, nachmittags mit Freunden Indianer und Partisan spielte oder im

PROGRESS
Film
PROGRAMM
27/61
Serjoscha

Buchwitz-Saal saß und abends die Schwestern mir aus einem Buch vorlasen – auch das waren Rollen, die mich ausfüllten, nur daß darüber keiner einen Film drehte. Den Stiefvater von Serjoscha spielte Sergej Bondartschuk, der allzu oft in Uniformhemd, Breeches und Schaftstiefeln durch das Bild stolzierte. Bondartschuk mit der hohen, mächtigen Stirn, der schon als 32jähriger mit dem Titel »Volkskünstler der UdSSR« ausgezeichnet worden war, als einer der Jüngsten, wie es hieß, dem jemals diese Ehre zuteil wurde, obwohl Bondartschuk nie wirklich jung aussah.

»Fünf Tage – Fünf Nächte« erlebte im März 1961 seine Premiere und kam wenig später an einem der üblichen Donnerstage in die Mensa. Obwohl der Film »für Jugendliche unter 14 Jahren nicht zugelassen« war, ging ich wie selbstverständlich mit, denn für die Hausmeisterfamilie war der Film ein Muß, ging es doch dabei um »unser schönes Dresden«. Die Meldungen überschlugen sich. Es sei der erste »deutsch-sowjetische Gemeinschaftsfilm, von Freunden, für Freunde geschaffen«, ein »farbiges Meisterwerk«, gezeigt würde »der eigentliche Anfang eines Lebens in Frieden und Glück, eines wirklich menschenwürdigen Daseins«. Per Annonce in Zeitungen erging der Aufruf an »Brigaden, Arbeitsgemeinschaften, Hausgemeinschaften, Oberschulklassen! Die Theaterleitung der ›Schauburg‹ nimmt unter der Telefonnummer 5 08 35 Sammelbestellungen entgegen«. Das hatten wir nicht nötig. Im Mensakino um die Ecke hatte der Hausmeister Hausrecht, und weil die Familie vollständig in Erscheinung trat, tat es nichts zur Sache, wenn der Filius nicht dem Prädikat P 14 entsprach.

Im Grunde blieb es unverständlich, weshalb dieses »farbige Meisterwerk« einem, der noch nicht der Kategorie P 14 angehörte, vorenthalten werden sollte, wo doch sonst nicht früh genug damit begonnen werden konnte, »das Wesen wahren Heldentums ... das Aufkeimen eines neuen Lebensgefühls«, wie es im Programmheft zum Verkaufspreis von 0,10 DM heißt, »unseren jungen Menschen« zu vermitteln. Neben der Liebesgeschichte vom einarmigen Maler Paul (Heinz-Dieter Knaup) und dem aus dem KZ heimkehrenden

Fünf Tage - Fünf Nächte

Mädchen Katrin (Annekathrin Bürger) zeigt der Film, wie Sowjetsoldaten in einem Bergwerksstollen nahe Dresden zahlreiche Meisterwerke der Gemäldegalerie finden. Teilweise steht der Stollen unter Wasser. Der liebenswert überzeichnete Sergeant Koslow faßt nach einem im Wasser schwimmenden Bild, hebt es an, um es zu betrachten, und Peng! fliegt die darunter befestigte Mine mit samt dem Bild und dem Sergeanten Koslow in die Luft. Im Programm steht: »Erschüttert sieht er«, der Maler Paul, »wie dieser einfache sowjetische Mensch ... sein Leben hingibt für diese Schätze der Weltkultur«. Das hat mich, im Buchwitz-Saal sitzend, schwer beeindruckt, nicht Pauls Erschütterung, auch nicht so sehr der Tod des Sergeanten Koslow, sondern daß der Tod so unvermittelt kam. So etwas hatte ich noch nicht gesehen. Von einer Sekunde zur anderen waren Gemälde und Koslow nicht mehr da. Wie überhaupt weit über tausend Bilder, diese »Schätze der Weltkultur«, die während des Krieges vorsorglich aus der Stadt ausgelagert und von den Heldenhaften im Mai 1945 gefunden wurden, ganz plötzlich nicht mehr da waren. »Von Freunden, für Freunde« requiriert. Abtransportiert. Deportiert auf unbestimmte Zeit. Elf Jahre später der Gnadenakt. Nachdem der Osten Deutschlands fest in sowjetischer Hand war, wurden 1 240 Gemälde »von Freunden, für Freunde« zurückgegeben, und die Gemäldegalerie konnte am 3. Juni 1956 wiedereröffnet werden.

Natürlich bescherte der Otto-Buchwitz-Saal den Hausmeisterkindern auch ganz andere Filme. Besonders gefragt waren solche, bei denen auf Plakaten und in Programmheften vermerkt war: »Ein westdeutscher Film im Verleih des VEB Progress Film-Vertrieb«. Es hieß immer »westdeutsch«. Andersherum hieß es lange Zeit »Zone«. BRD zu sagen, war nicht opportun, DDR zu sagen, nicht korrekt. Aber dem Kino konnte das egal sein. Wenn die Buchwitz-Saal-Lichter verlöschten und der Film endlich startete, waren für 90 Minuten auch Himmelsrichtungen ausgelöscht. Plötzlich fühlten sich alle Bilder so an, als ob sie wie selbstverständlich auch uns gehörten. Gleich ob Heinz Rühmann und Liselotte Pulver in den

Hauptrollen bei »Dr. med. Hiob Prätorius« und »Hokuspokus«, den Curt-Goetz-Adaptionen von Kurt Hoffmann oder der unvergessene Satz, den Fritz Rasp mit Grabesstimme im »Prätorius« zu sprechen hatte: »Mein Name ist Shunderson« – für die Dauer des Films gehörten sie uns. Auch die Musikfilme »... und du mein Schatz bleibst hier« und »Drei Liebesbriefe aus Tirol« wurden zur Familiensache erklärt. Waren die Eltern vor allem von Reblaus Hans Moser und Dienstmann Paul Hörbiger beglückt, warteten wir Jüngeren auf die Revue-Nummern. Auch der Presse- und Werbedienst von Progress ließ sich mitreißen, indem er mit dem bis dato westlich besetzten Wort »Gesangsstars« warb, Schlagersterne also, die wir zum Teil schon vom Barackenfernsehen und »Da lacht der Bär« kannten: Gus Backus, Udo Jürgens, Siw Malmkvist, Blue Diamonds, The Peters Sisters. Und aus dem Georg-Jacoby-Film »Pension Schöller« mit Theo Lingen und Rudolf Vogel blieb als geflügeltes Familienwort der Satz von Boy Gobert hängen, der den sprachgestörten Pensionsneffen Eugen Rümpel spielte, lange bevor er ins Intendantenfach am Hamburger Thalia Theater wechselte: »Mir ist eine Fniege in den Hans gefnogen!«

Ein Film aus dem Jahr 1961, der mit vier Jahren Verspätung ebenso überraschend im Programm auftauchte, wie er wieder daraus verschwand, war »Das Leben von Adolf Hitler«, das Paul Rotha, ein britischer Filmhistoriker, dokumentarisch in Szene gesetzt hatte. Weshalb mich Vater im Januar 1965 in den Hitler-Film mitnahm, ist mir bis heute nicht klar, denn gesprochen wurde über die Gründe und das Gesehene nie. Vater redete nach dem Film nicht anders über den Krieg und sein Soldatsein als vor dem Film. Immer noch erzählte er mit unverminderter Lust von seinen Verwundungen: Streifschuß, Durchschuß, Steckschuß, Heimatschuß, zeigte die Narben wie Trophäen vor, wenn wir in der Badewanne saßen. Nur letzteres war seltener geworden, denn als beinahe 14jähriger wich ich den gemeinsamen Wannenbädern zunehmend aus. Hitler machte mir körperlich Angst, ohne daß ich hätte sagen können, worin genau die Angst begründet war. Obgleich angeblich erwiesen war, daß er sich selbst getötet habe und sein Leichnam anschließend verbrannt worden sei, hielt ich es nicht für gänzlich ausgeschlossen, dieses häßliche Gesicht könnte mir plötzlich in irgendeiner Menge begegnen, und sei es im Traum. Die Filmszenen, in denen er seine Reden schreit, von denen ich nur einzelne Wörter verstand, erzeugten einen unheilvollen Nachhall in mir. Was, wenn er wieder käme, wenn es tausendjährig weiterginge, wenn der sowieso schon auf wackligen Beinen stehende Frieden keine Gültigkeit besäße? Erneut gab mir das Verhältnis zur Zeit zu denken. Daß das Kriegsende damals erst 20 Jahre zurücklag und die Vergangenheit noch so greifbar nahe vergangen war, hinterläßt in mir bis heute ein dauerhaftes Wundern über die Wechsel zwischen gelebter Geschichte und geschichtsträchtigem Leben.

Wieso es überhaupt einen wie Hitler gegeben und ob er auch an ihn geglaubt habe, fragte ich Vater. Daraufhin hustete er lange, dann sagte er: »Eine Fniege ist mir in den Hans gefnogen.« Schon nach kurzer Laufzeit wurde der Dokumentarfilm wieder zurückgezogen, als sei sein Einsatz ein Fehler gewesen, und das Thema »Hitler« im Film hatte sich für lange Zeit erledigt. Im offiziellen, gar nicht so PROGRESSiven Lichtspielwesen der DDR durfte nicht einmal »Der große Diktator« von Chaplin laufen, den ich das erste Mal 1974 während eines Ungarn-Urlaubs in englischer Fassung sah und noch einmal 1980, als ihn wenigstens das DDR-Fernsehen zur Ausstrahlung brachte. Erst 1988, als ich die Lichtspiele von Paris für mich entdecken und unter anderem auch »Hitler – Eine Karriere« von Joachim Fest und Christian Herrendoerfer aus dem Jahr 1977 sehen konnte, wurde mir bewußt, daß es für mich in den 20 Jahren zuvor wenig Beschäftigung mit der Zeit des Nationalsozialismus gegeben hatte. Aber da war die Spielzeit der DDR-Kinos schon so gut wie abgelaufen und die Hitler-Festspiele nach dem Ende der Zweistaatlichkeit standen uns allen noch bevor.

Dreh im Schumann-Bau

Wie ein Lauffeuer verbreitete sich Anfang Juni 1964 die Nachricht, im Georg-Schumann-Bau würde die DEFA einen Film drehen. Wo sich sonst Studenten, Assistenten und Dozenten begegneten, die ja selbst allzuoft Rollen eines ungeschriebenen Drehbuches verpflichtet sind, sollten jetzt richtige Schauspieler agieren. Es hieß, Spitzenleute von der DEFA würden kommen, sogar von Berühmtheiten war die Rede, aber etwas Genaues wußte niemand. Gedreht werden sollte im sogenannten Kreuzbau, der erst wenige Jahre zuvor hinter dem alten Landgericht am Münchner Platz neu aufgebaut worden war. Hausmeisters hatten die ganzen 50er Jahre seine Ruine im Blick, wohnten direkt gegenüber, zuerst »im Keller«, dann im ausgebauten Dachboden. Als wir endlich Ausblick auf ein intaktes Gebäude hatten, kam am 9. Juni 1964 die DEFA. Lastwagen fuhren vor, nie gesehene Gerätschaften wurden abgeladen und in den Schumann-Bau getragen, Scheinwerfer positioniert, dicke Kabelstränge verlegt.

Ich sehe den Hausmeistersohn am Drehort die meiste Zeit in der ersten Reihe stehen. Dieses Bürschchen, das ich damals war, mit Igelhaaren und vermutlich kurzen Hosen, wollte sich nichts entgehen lassen. Gedreht wurde in der Mitte des Kreuzbaus. Ein kleiner Springbrunnen plätscherte dort und eine leicht geschwungene Freitreppe führte aus der Eingangshalle hinauf in die erste Etage. Auf diese Treppe hatten es die Filmleute abgesehen und in ihrem Umkreis die meiste Technik platziert. Scheinwerfer wurden hin und her geschwenkt. Licht an, Licht aus ging es immerzu. Auf einem fahrbaren Stativ drehte die Kamera immer gleiche Runden durch die Halle. Die Zuschauer weiter zurück, hieß es. Da mußte der Junge sehen, daß ihn keiner durch die Tür hinausschob. Schließlich kam die berühmte »Klappe« ins Spiel, etwas wie »Mord, die erste« wurde gleich einer Programmnummer angesagt, klapp machte die Klappe und plötzlich herrschte erwartungsvolle Stille.

Jetzt geriet eine Gruppe von Personen in Bewegung, auf die der Junge bislang nicht geachtet hatte. Ob das vielleicht die Schauspieler sind?, konnte er nur raten. Achtung, Aufnahme! Aber wie groß war die Enttäuschung, als ihm keiner der Schauspieler bekannt vorkam. Zu allem Übel waren ihre Gesichter auch noch mit einer dicken Schicht rotbrauner Schminke überzogen, was es zusätzlich erschwerte, sie zu erkennen. Die sehen ja wie Indianer aus, dachte der Junge, auch wenn die einzigen Indianer, die er kannte, aus Pappmaché fabrizierte Puppen in den Vitrinen des Radebeuler Indianermuseums waren. Nach und nach bekam er von den gleich ihm auf Beobachtungsposten stehenden Zuschauern ein paar Erkenntnisse zugeflüstert. Da habe die »Maske« ganze Arbeit geleistet. Sendepause. Die dicke Schminke müsse sein, weil ein Schwarzweiß-Film gedreht würde. Sendepause. Ohne Schminke sehen die bei Schwarzweiß wie Käse aus, flüsterte es weiter. Der Junge fragte sich, wonach die Schauspieler bei Bunt aussehen würden und war ein bißchen stolz, hinter den Kulissen einem Trick der Filmleute beizuwohnen.

Dann wunderte er sich, weshalb die Schauspieler keinen Text sprachen, sondern stumm spielten oder Sätze sagten, die keinen Sinn ergaben oder herumalberten, Witze rissen, lachten, obwohl es doch, wie es den Anschein hatte, um eine ernste Sache ging. Der Ton wird nachsynchronisiert, flüsterte es neben ihm. Der Junge überlegte, ob dieses Sündkonisieren vielleicht etwas Unanständiges war, weshalb sie es vor den neugierigen Zaungästen lieber bleiben ließen. Die gehen nach dem Dreh ins Studio und lesen dort ihren Text auf die Bilder. Sendepause. Aber, fragte sich der Junge, woher wissen die, welcher Text zu welchem Bild paßt? Der Regisseur weiß genau, was wohin paßt, flüsterte es wieder. Pause. Dort drüben steht er, Jo Hasler, das ist der Regisseur vom Ganzen und

die Kamera bedient der auch. Ruhe bei den Zuschauern, rief es. Der Hasler hat schon beim Lied der Matrosen und dem Schweigenden Stern Kamera geführt, der kann was. Ruuuhe!, schrie es jetzt. Gugge ma dorte, das ist doch der Clown Ferdinand, wisperte es hinter ihm, den kennste ooch, Kleener, nich wahr? Womit natürlich ich, der Junge, gemeint war. Aber es fiel mir schwer, in dem Schauspieler, auf den die Frau hinter mir zeigte, jenen Clown Ferdinand wiederzuerkennen, den ich vor Jahren bei einem Schulfreund im Kinderfernsehen gesehen hatte. Wie sollte sich da aber auch einer zurechtfinden? Im Fernsehen war er der Clown mit Glatze, breitem Mund und Knollennase. Hier war er nichts als ein ganz normaler Mann, mit graumeliertem Bürstenschnitt, schmalem Mund und gerader Nase, der einen dunklen Wintermantel trug, obwohl es Juni war. Dort war er der lustige Ferdinand. Hier war er sehr ernst, trat unter dem Schauspielernamen Jiři Vršt'ala auf und spielte einen feinen Herrn, wie die Frau hinter mir wußte. Was für ein schöner Mann, hauchte sie in regelmäßigen Abständen, wenn sich Jiři Ferdinand vor der Kamera in Positur stellte. Aber dem Jungen fiel es schwer, hinter der Schminke ein schönes Gesicht zu vermuten.

Die Klappe, inzwischen bei »Mord, die achte«, brachte endlich die Treppe ins Spiel. Ein festlich gekleideter Mann mittleren Alters kommt sie leichtfüßig heruntergeeilt, in der Halle neben dem Springbrunnen tritt ihm eine junge Dame im hellen Wintermantel entgegen, obwohl Juni ist mit Pelzkragen und Pelzbesatz an den Bündchen, öffnet ihre Handtasche, nimmt eine Pistole heraus, zielt auf den immer noch festlich gestimmten Mann, der faßt sich mit beiden Händen an den Bauch, krümmt sich, beugt sich ein wenig nach vorn und bricht zusammen. Und wieder war der Junge enttäuscht, denn die Pistole hatte nicht einmal geknallt. Vermutlich werden auch die Schüsse im Nachhinein sündkonisiert, dachte er sich. Das ist die Domröse aus dem vielgeliebten Sternchen, flüsterte die Frau hinter ihm. Das sagte ihm nichts. Wenn es wenigstens Annekathrin Bürger aus »Fünf Tage – Fünf Nächte« gewesen wäre. Aber so? Hat jemand den Toten erkannt? fragte die Frau. Muß der Flörchinger sein, flüsterte es aus einem anderen Zuschauer, war als Liebknecht im Thälmann-Film zu sehen. Der mittlerweile nicht mehr ganz so festlich gestimmte Flörchinger steht auf, geht die Treppe hoch, die Domröse steckt die Pistole zurück in die Handtasche. Klappe: »Mord, die neunte.« Wieder kommt der Mann herunter, wieder begegnet er, obwohl Juni, dem hellen Damenwintermantel mit Pelzbesatz, wieder wird ihm die Pistole entgegengestreckt, wieder hält er sich den Bauch, sackt zusammen. Und wieder hat die Pistole nicht geknallt. Aufstehen des Mannes, Treppe hoch, Pistole in die Tasche. Klappe: »Mord, die zehnte.« Wie lange die das noch machen werden, fragte sich der Junge. Das habe er gleich gesehen, daß die Szene noch nicht im Kasten war, wußte eine Flüsterstimme.

PROGRESS
film
PROGRAMM
16/65
Chronik eines Mordes

Dann kam Ulrich Thein. Ich glaube mich zu erinnern, daß er aus einem Sportwagen, unbekannter Bauart, ausstieg, als ich zwischen zwölfter und dreizehnter Klappe durch die große Glastür hinaussah. Ihn erkannte ich sofort. Er war die DEFA-Berühmtheit, von der orakelt worden war, daß sie kommen würde. Ihn hätte ich sogar unter einer zehn Zentimeter dicken Schicht Schminke erkannt. Aber er war nicht geschminkt. Er war der sterbende Held aus »Fünf Patronenhülsen«, einem Partisanenfilm, damals mein Lieblingsfilm, den ich mit Schulfreunden im Testprogramm gesehen hatte. Spanienkrieg. Internationale Brigade. Ernst Busch sang das Lied von der Jaramafront: »Genossen im Graben, singt alle mit / laßt schweigen die anderen Lieder. / Wir singen das Lied der Jaramafront, / wo gefallen so viele Brüder.« In der Sierra brannte die Luft. Auch Manfred Krug und Armin Mueller-Stahl verdursteten fast, kamen aber durch. Nur Ulrich Thein erwischte es neben einem Brunnen, an dem er trinken wollte. Plötzlich knallte ein Schuß durch die Eingangshalle des Kreuzbaus. Dem Jungen stockte der Atem. Aber Ulrich Thein stand bei Jo Hasler und lebte.

»Jetzt hamses im Kasten«, sagte einer. Alle lachten. Auch der erschossene Martin Flörchinger. Die pelzbesetzte Domröse lehnte erschöpft am Clown Ferdinand. Zwei, die sich trotz Wintermänteln sehr nahe waren. Was für ein schönes Paar, schmachtete die Frau hinter mir, da bahnt sich was an. Und wirklich. 1966, zwei Jahre nach den Dreharbeiten, ging die Nachricht durch den DEFA-Buschfunk, daß der Vršt'ala die Domröse geheiratet habe.

Am 17. April 1965 sah ich schließlich das Ergebnis vom Dreh im Schumann-Bau: »Chronik eines Mordes«. Obwohl die Kreuzbau-Treppe gleich am Anfang des Films ihren großen Auftritt hat, wird behauptet, der Film erzähle von einer westdeutschen Stadt, über »eine Stadt des Weines, der Kirchen, gotisch und barock«. Ein etwas verschwommenes Bild im Programmheft zeigt das Panorama der vermeintlichen Stadt, die Würzburg sein könnte. Was für ein Betrug an »unserer« Schumann-Bau-Treppe, ihr anzudichten, sie wäre eine westdeutsche Rathaustreppe. Aber es kam noch schlimmer. Ruth Bodenheim, gespielt von Angelica Domröse, sieht nach vielen Jahren ihren Bruder David wieder, gespielt von Arno Wyzniewski. David ist inzwischen ein berühmter Pianist geworden und gibt in der besagten westdeutschen Stadt ein Gastspiel. Und wo findet das Konzert statt? Im Innenhof des Dresdner Zwingers. Was sagt man dazu? »Unser« Zwinger ausgelagert nach Westdeutschland! Von da an wollte ich nicht mehr recht glauben, daß der Regisseur Jo Hasler wirklich etwas kann. Wie konnte er nur so etwas tun? Dabei weiß doch jedes Kind, daß der Zwinger zu Dresden gehört wie der Mond zur Erde. Ich war vorgewarnt. Und richtig. 1966, im 20. DEFA-Jahr, kam seine »Reise ins Ehebett« in die Kinos, hergestellt auf ORWO-Color und in Totalvision. Aber im Programmheft hieß er nicht mehr Jo, sondern Joachim Hasler, als könne eine Namensänderung den Betrug vertuschen, den er sich in »Chronik eines Mordes« geleistet hatte. Außerdem tanzten und spielten bei dieser »Reise« Mitglieder des Erich-Weinert-Ensembles, das bekanntermaßen zur Nationalen Volksarmee gehörte. Da hieß es skeptisch sein, auch wenn Frank Schöbel als Matrose Moses mit von der Partie war.

Das Programmheft von »Chronik eines Mordes« wies im Kleingedruckten darauf hin, daß der Schlager »Gestern und Heute« mit Günter Gollasch an der Solo-Klarinette auf Amiga-Schallplatte erschienen und in jedem Fachgeschäft erhältlich sei. Vorsorglich wurde die Bestellnummer genannt. Filmmusik auf Platte, so etwas wie »Soundtrack«, das gab es also damals schon.

Faun-Palast
Leipziger Straße 76

Natürlich gab es Tricks, sich irgendwie hineinzuschleichen, wenn Filme gezeigt wurden, die wir aus Mangel an Reife, gemessen nach Jahren, nicht sehen sollten. Das sicherste Hausmittel war, in Begleitung eines Erziehungsberechtigten zu sein. Aber auf diese Art die Prädikatshürde zu überwinden, galt nicht als Heldentat. Selbst wenn wir versucht waren, uns jedweder Berechtigungsansprüche aller denkbaren Erzieher so gut es ging zu entziehen, ahnten wir doch, wie schwer es werden würde, dagegen anzukommen.

Mitunter genügte es, eine frühe Nachmittagsvorstellung zu wählen, dann kontrollierten die Kartenabreißer etwas nachlässiger als zu den begehrten Abendvorstellungen. Besser noch, sich in den Schutz eines Freundes zu begeben, der deutlich groß gewachsen, womöglich auch im Besitz einer tiefen Stimme oder sogar eines tauglichen Ausweises war. Wie ich sie haßte, die Frage nach dem Alter, wie ich sie auf immer hassen sollte! Wenn kein hoch gewachsener Freund zur Hand war, konnte es einen schon an der Kinokasse kalt erwischen, wenn hinter dem Kassenfenster, mit kreisrundem Sprechsieb in halber Scheibenhöhe, die Kartenverkäuferin den Kopf schräg legte und mit spitzem Mund fragte: »Wie alt bist du denn, mein Junge?« oder noch schlimmer: »Na Jungchen, sind wir schon 14?« Besonders fatal war es, wenn die Körperhöhe vom Jungchen nicht ausreichte, seinen Trotzmund annähernd in Höhe des Sprechsiebes zu platzieren, auch nicht, wenn Jungchen sich auf die Zehenspitzen stellte. Dann blieb ihm nichts anderes übrig, als seinerseits den Kopf schräg zu legen, und die Antwort durch jenen Schlitz zu schieben, durch den gemeinhin Geld von der einen und Eintrittskarten von der anderen Scheibenseite geschoben werden. Der Beteuerung von Trotzmund, schon 14 zu sein, folgte zwangsläufig seitens des Spitzmundes die Frage nach dem Ausweis. Behauptet war schnell etwas, bewiesen sollte es werden. Gemeint war natürlich der Personalausweis, der von Amts wegen an vollendete 14jährige ausgehändigt wurde. Allein damit konnten Jungchen und seinesgleichen ihr Alter zweifelsfrei unter Beweis stellen. Weil sie aber noch immer unvermindert minder an Jahren waren, besaßen sie jenen heißersehnten Ausweis nicht. Der Trick bestand darin, ebenso glaubhaft wie trotzmündig zu versichern, der Personalausweis läge zu Hause, aber es könne ein anderer Ausweis zur Kontrolle vorgelegt werden. Dabei kam uns entgegen, daß wir von Geburt an mit einer Vielzahl von Ausweisen ausgestattet und regelrecht versessen darauf waren, diese bei passender oder unpassender Gelegenheit vorzuzeigen. War zwischen Trotz- und Spitzmund das Gespräch, das mehr verhörähnlichen als verkaufsorientierten Charakter besaß, so weit gediehen, galt es, den DTSB-Ausweis oder den Bibliotheksausweis oder sonst einen Ausweis zur Vorlage zu bringen. Wichtig war dabei, daß die Hand nicht zitterte und der Ausweis kein jungenhaftes, am besten also gar kein Foto des Ausweisinhabers zeigte, statt dessen aber unüberlesbar das Geburtsdatum, das infolge Minderwertigkeit des Dokuments leichterhand korrigiert worden war – zugegeben ein betrügerischer Trick, aber mitunter ein wirksamer.

Jedenfalls kam am 7. Januar 1965 im Faun-Palast alles zusammen. Wir waren vier Jungs. Einer von uns, ein langer Kerl, der, weil einmal sitzengeblieben, uns nicht nur körperlich überragte, sondern auch schon mit altersgerechter Stimme und passendem Ausweis ausgestattet war, kaufte die Eintrittskarten. Wir restlichen drei, die wir deutlich hinter P 14 zurücklagen und sichtbar unter dem Prädikatsmangel litten, hatten uns im Hintergrund zu halten. Von der Leipziger Straße zur Kasse führte ein Hausdurchgang, in dem wir uns herumdrückten, während unser Sitzenbleiber Portemonnaie und Ausweis zückte und vier Karten »für jetzt« verlangte. Links und rechts im Gang hingen Schaukästen. Auf der einen Seite informierten Plakate und Szenenfotos über das aktuelle Programm, die Kästen gegenüber lockten mit dem magischen Wort »Demnächst«. Ein Stück weiter hinten, am Ende des Durchgangs, glänzten die Einlaßtüren, von denen meistens nur eine einzige geöffnet wurde.

Als der Lange vor dem Demnächst-Kasten die Karten verteilte, staunte ich, wie einfach es war. »Die drei Musketiere«, denn um diesen Film ging es, würden nicht nur für ihre Königin fechten, sondern hatten auch unsere Minderzahl an Jahren unangefochten gelten lassen. Warum zwei Kinokarten für jeden? fragte ich flüsternd, damit niemand meine ungebrochen hohe Stimme hören konnte. Auch dafür hatte unser Langer eine passende Antwort: Die eine für Teil I, die andere für Teil II, brummte er im schönsten Bariton des Frühreifen. Drittes Parkett links, Reihe 3, Sitznummer 9, Eintritt 80 Pfennige plus 100 Prozent wegen Überlänge plus 5 Pfennige Kulturabgabe, Donnerstag 14 Uhr. Rasiersitz also, so genannt, weil dort, um die große Leinwand einigermaßen ins Gesichtsfeld zu bringen, die Köpfe leicht in den Nacken gelegt werden mußten, wie beim Friseur, wenn es ans Rasieren ging. Das wußten wir schon, auch wenn es bei uns noch nichts zu rasieren gab. Obwohl der Jubel mächtig in mir gluckste, galt es, so lange Würde zu bewahren, bis wir die Einlaßtür passiert hatten. Zwar bedachte der Kartenabreißer unsere Kleinwüchsigkeit mit schiefen Blicken, riß aber schweigend von dem ab, was wir ihm stolz hinhielten. Kaum durch die Kontrolle, waren wir nicht mehr zu halten, stürmten den Gang links an den einladend offenstehenden Saaltüren vorbei. Der Lange rannte auf die Stirnwand des Seitengangs zu, sprang an ihr hoch, als wollte er zur Decke hinauflaufen. Den Abdruck seiner Schuhsohle, den er dabei an der Wand hinterließ, hatte ich lange noch vor Augen, monatelang streifte ich ihn bei nachfolgenden Faun-Palast-Besuchen mit meinen Blicken. Womöglich setzte ich mich dort, wo es wie in der Schauburg auch einen Rang gab, nur deshalb immer ins Parkett, um diesen erstaunlich langlebigen Abdruck wiederzusehen. Bald schon wuchs in mir die illusorische

Vorstellung, dieses Sohlenbild an der Kinowand sei das Sinnbild für meinen Schritt in die Mündigkeit.

Vorerst aber gefielen dem Jungen, der noch keine 14 war, die Musketiere. Ihre gezwirbelten Bärte, die Umhänge mit den großen Kragen, ihre Fechtkünste. Sie waren bunt und zeigten sich in Cinemascope. Daß die vier Kinogänger noch Wochen danach auf den Pioniergruß »Seid bereit, immer bereit!« verzichtet, statt seiner am liebsten mit dem Ruf »Einer für alle, alle für einen!« gegrüßt haben, gehört wohl zu den Legenden erinnerungsschwacher Nostalgiker. So dachten sie damals nicht. Vielleicht war Kino für sie unbedacht Flucht- und Suchtmittel, aber kein Politikum. Ein Dreivierteljahr später, am 2. November 1965, sah ich »Die drei Musketiere« noch einmal im Filmtheater am Hauptbahnhof. Immer noch waren die Bärte von Athos, Porthos, Aramis und d'Artagnan gezwirbelt, hatten ihre Umhänge große Kragen, zeigte sich der Film bunt und in Cinemascope, aber irgendetwas hatte sich verschlissen. Nicht nur war die Hauptbahnhofleinwand kleiner als die des Faun-Palastes, was die Musketiere deutlich stauchte, nicht nur war die Kopie schlechter geworden, überraschend hatte die Geschichte an Finesse und der Schlachtruf »Einer für alle, alle für einen!« in seiner Bedingungslosigkeit an Leichtigkeit eingebüßt. Die gefühlte Verflachung kam wohl daher, daß plötzlich das Einlaßtheater um ausgewiesene Körpergröße und Stimmbruch überhaupt nicht mehr aufregend war, denn der Junge war zwei Monaten zuvor 14 Jahre alt geworden und fortan im Besitz jenes Ausweises, der zumindest in meinem Fall Kinogeschichte(n) schrieb.

Vorübergehend normalisierte sich die Lage. Die Filme konnten bedächtiger ausgewählt werden, aber Bedacht spielte keine Rolle.

PROGRESS
film
PROGRAMM
105/63
Die drei Musketiere

Der Blick auf die mit Kinderschrift geführten Filmlisten läßt nur einen Gedanken zu: Es wurde unterschiedslos konsumiert. Nicht die Nachfrage regelte das Angebot, auch das Angebot regelte nichts, einzig erkennbare Regel war, möglichst einmal in der Woche ins Kino zu gehen. Steigerungen waren denkbar, vor allem in den frühen 1970ern, als Jahr um Jahr sechzigmal und mehr Filmsaalbänke anstelle von Hörsaalbänken gedrückt wurden. Mit dem Faun-Palast hatte ich 1965 einen echten Kinosaal erobert. Aber es sollten ein paar Jahre vergehen, bevor im Einerlei der Wochenprogramme überraschende Momente sichtbar wurden. Was blieb schon vom ungarischen Film »Männer und Flaggen«, außer, daß die Eintrittskarte bezeugt, er wurde am 30. Januar 1966 vom gleichen Platz aus gesehen wie im Jahr vorher die »Musketiere«? Was bedeutete es mir, wenn es hieß, er sei nach einem Roman von Mór Jókai in Eastmancolor und Agascope vom Studio Mafilm, Budapest, produziert? Heute kann in einschlägigen Lexika nachgelesen werden, daß sich bei Agascope das Bild in einem Seitenverhältnis 2,35:1 zeigt, eine schwedische Erfindung ist, dortselbst bei 19 Filmen sowie in Finnland und Ungarn zur Anwendung kam. Wären mir, wenn ich damals vom besonderen Seitenverhältnis der Bilder gewußt hätte, die Bilder weniger langweilig gewesen?

Da war »Tom Jones« am 3. Juli 1966 von anderem Kaliber. Eine drei Jahre alte englische Woodfall-Produktion in Technicolor. Den Titelzusatz »Zwischen Bett und Galgen« hatte sich der Moralverleih Progress wohlweislich verkniffen. Wieder drittes Parkett links, wieder Reihe 3. Den Romanstoff von Henry Fielding hatte John Osborne für den Film dramatisiert. In der Hauptrolle Albert Finney, an seiner Seite die reizende Susannah York. Die Dialoge waren deftig, die Dekolletés beträchtlich. Aber wußte ich etwas damit anzufangen? »Tom Jones besteht galante und weniger galante Abenteuer«, hieß es in der Beschreibung. Ahnte er, daß mit »galant« das treffendere Wort »erotisch« bemäntelt wurde? Damit hatte ich keine praktische Erfahrung. Kannte ich die Wörter überhaupt?

Folgerichtig folgte am 1. Oktober 1966 der Film von René Clair »Galante Feste«. Mal etwas ganz anderes, eine rumänisch-französische Koproduktion. Eine »heroisch-komische Geschichte«, dichtete der Moralverleih im frei erfundenen Untertitel. Jean-Pierre Cassel als Joli Cœur, ein »Süß-Herz« als Draufgänger und Herzensbrecher, der »Fanfan, der Husar« sein wollte, aber Gérard Philipe nicht das Wasser reichen konnte. Ich erinnere mich der von mir mit Vorliebe ausgeliehenen Bibliotheksbücher, deren Bestellkarten mit einem roten Punkt markiert waren, weil, so bildete ich mir ein, darin sogenannte Stellen vermutet werden konnten, in denen es vorkam, daß geküßt wurde oder eine Hand dorthin wanderte, wo sie gemeinhin nichts zu suchen hatte. Aber war das »galant«? War das »erotisch«?

Wer in durchtrainierten Körpern »Erotik« vermutet, der saß im japanische Dokumentarfilm von Kon Ichikawa richtig: »XVIII. Olympische Sommerspiele Tokio 1964«. Im Faun-Palast konnten die sonst auf dem Mond lebenden Talbewohner in Eastmancolor sehen, was die längst in die Röhre guckenden Bürger schon zwei Jahre zuvor schwarzweiß gesehen hatten: DDR-Sportler und westdeutsche Sportler agierten in einer gemeinsamen Mannschaft. Als Kind fernsehloser Erziehungsberechtigter sah ich am 23. Oktober 1966 die »für unsere Republik errungenen« Erfolge von Karin Balzer, Ingrid Krämer und Frank Wiegand. Die weder »galante« noch »erotische« Filmbearbeitung vom VEB DEFA-Studio für Synchronisation klang nach Staatsbürgerkunde mit den Sprechern Otto Mellies und Heinz Florian Oertel als Staatsbürgerkundelehrern. Im Programmheft wurde nicht versäumt, die Filmemacher aus Fernost propagandistisch zu maßregeln: »Es ist höchst bedauerlich, daß durch die vorgenommene Auswahl der im Film verwendeten Aufnahmen eine Wertung vorgenommen wird, die den Realitäten nicht entspricht. Obgleich der Film unter diesem Aspekt unseren lebhaften Einspruch hervorruft, ist es gut, ihn zu kennen.«

Nach einigen Minimalfilmen, wie dem tschechoslowakischen Episodenkrimi »Verbrechen in der Mädchenschule« und dem rumä-

Faun-Palast Täglich 14, 16.45 und 19.30 Uhr

Der große Erfolg!

Deshalb eine weitere Woche in unserem Theater!

Freitag bis Donnerstag:

Die Reise zum Mittelpunkt der Erde

Cinem. - Farbe - USA (P 6)

Erleben auch Sie die Gefahren und Wunder der ungewöhnlichen „Lindenbrook-Expedition"
50 % Zuschlag wegen verlängerter Spieldauer!
Vorverkauf täglich von 13 bis 20 Uhr für 2 Tage im voraus!

Sonnabend 22 Uhr Spätvorstellung:
Die Reise zum Mittelpunkt der Erde
Sonntag 10 Uhr KV: Abenteuer im Zauberwald

nische OSTern »Amza, der Schrecken der Bojaren«, kamen endlich die Monumentalfilme wieder. Mit achtjähriger Verspätung konnte am 21. Januar 1967 frei nach Jules Verne »Die Reise zum Mittelpunkt der Erde« angetreten werden. »Erleben auch Sie die Gefahren und Wunder der ungewöhnlichen ›Lindenbrook-Expedition‹, 50 % Zuschlag wegen verlängerter Spieldauer!«, hieß es in der Faun-Palast-Anzeige. Da saß ich am Sonnabendnachmittag um zwei im zweiten Parkett links, Reihe 24, Sitz Nr. 4 und wollte »Gefahren und Wunder« erleben, sollte aber gemäß Programmheft zugleich erkennen, daß Jules Verne träumte. »Ohne sich ernstlich mit der Dialektik gesellschaftlicher Prozesse zu beschäftigen«, träumte er »von einer befreiten Menschheit, die sich die Naturgesetze untertan gemacht hat«. Nachdem ich einige seiner Bücher gelesen hatte, hätte ich nie im Leben gedacht, daß er so etwas träumte. Mit an Sicherheit grenzender Wahrscheinlichkeit hatte Jules Verne Träume von Ballonfahrten, Mondlandungen, Erdumkreisungen oder Tiefseetauchen, das ja, aber Träume »von einer befreiten Menschheit«? Da sah ich, der ich doch allmählich ein junger Mann sein wollte, im Agitationsdickicht alt aus. Auch James

DIE REISE ZUM MITTELPUNKT DER ERDE

FILM
FÜR SIE

Mason als Professor Oliver Lindenbrook, zum Zeitpunkt der Dreharbeiten noch keine 50, sah aus der Sicht eines 15jährigen ziemlich alt aus. Daß Pat Boone an der Seite von Mason der Sänger Pat Boone war, entging mir. Auch daß die rothaarige Arlene Dahl, die im Film Carla Goetaborg spielte, anderthalb Jahre mit Old Shatterhand Lex Barker verheiratet war, wußte ich nicht. Was wußte ich überhaupt? Bevor ich wissen konnte, wollte ich sehen. Von dem, was es zu sehen gab, wollte ich nicht unbedingt wissen, was es bedeutete. Und was es bedeutete, mit talseitiger Schlagseite ein Unwissender zu sein, wollte ich einfach nicht sehen.

Zwei Monate nach der Erdmittelpunktreise rückte eine Tolstoi-Verfilmung in den Mittelpunkt der Kinoprogramme: »Krieg und Frieden«, I. und II. Teil. In großformatigen Zeitungsannoncen wurde mit Vorschußlorbeer nicht gespart: »Das Filmereignis des Jahres!« – »Eine heroische Periode der russischen Geschichte.« – »Meisterhaft verfilmt!« – »Eindrucksvolles Sittengemälde aus dem alten Rußland.« Obwohl monumental, hieß der Monumentalfilm plötzlich »sowjetischer Panoramafarbfilm«. Zusammen mit den Teilen III und IV, die 1968 Premiere hatten, kam das Werk auf eine Spieldauer von 461 Minuten. Seine Monumentalität war beinahe ebenso beängstigend wie die vaterländischen Kriegerdenkmale sowjetischer Bildhauer. Zwischen all dem Lorbeer wurde noch »Ewige Erneuerung – Ein ungarischer Farbfilm über die Geheimnisse der Tierwelt« angekündigt, Sonntag 11 Uhr, bevor es 13.30 Uhr wieder zu »Krieg und Frieden« kommen sollte. Als Veranstalter dieser ungewöhnlichen Matinee fungierten »Deutscher Anglerverband und HO ›Tierfreund‹, Spezialgeschäft für Anglerbedarf«. Anwesend würden sein »die verdiente Meisterin des Sports und mehrfache Weltmeisterin Helga Wischer und der zweifache deutsche Mannschaftsmeister der Frauen im sportlichen Angeln, Betriebsgruppe HO Haushalt/Technik Dresden«. Das Kino als ein Versammlungsort volkseigener Betriebsbrigaden und volksnaher Sportvereine. Das drückte die hochgestimmte Erwartung an »Krieg und Frieden« beinahe auf den Nullpunkt. Trotzdem war die Tolstoi-

Adaption in der Regie von Sergej Bondartschuk ein Ereignis für die ganze Familie, die zwei Tage im voraus unter der Rufnummer 5 45 50 Karten bestellt hatte. Vater, Mutter, Schwester, Kind ließen sich am 25. März 1967, 17 Uhr für 2,25 MDN pro Augenpaar von den naturalistischen Kamerafahrten zwischen Salons und Ballsälen auf der einen und Schlachtfeldern auf der anderen Seite hinreißen. Hinreißend anzusehen auf der Cinemascope-Leinwand waren Ljudmila Saweljewa als Natascha und der melancholische Wjatscheslaw Tichonow als Andrej Bolkonski. Da spielte es nur noch eine untergeordnete Rolle, daß der »1. Vorsitzende des Stadtausschusses der Gesellschaft für Deutsch-Sowjetische Freundschaft« die festliche Aufführung als Redner eröffnete.

Wieder ein Jahr später kam »Honigmond 67« aus England. Obwohl die Geschichte ein »delikates Thema« behandelte und die Hauptdarstellerin Hayley Mills eine ansehnliche Nacktszene hatte, muß ich zugeben, daß der Südvorstädter den Film vielmehr mit roten Ohren hörte, als daß er ihn mit glühenden Augen sah, denn die Filmmusik war von Paul McCartney. Nachdem der große Vorsitzende Ulbricht 1965 die englische Beat-Invasion mit heftig zitterndem Spitzbart und sächsisch eingefärbtem »Yeah, Yeah, Yeah« verhöhnt und verteufelt hatte, kamen Beatles und Beat ein paar Jahre nur noch als »Dreck vom Westen« vor. Auch wenn infolge des spitzbärtigen Verdikts in den späten 1960ern englische Rocksongs weder im Rundfunk gespielt noch auf Schallplatte gepreßt wurden, hinderte uns Pennäler nichts daran, unseren Idolen treu zu bleiben. Bis in die Klassenzimmer hinein polterten die Grabenkämpfe zwischen Beatles- und Rolling-Stones-Fans. Dann kommt 1968 dieser »Honigmond« und der ansonsten linientreue Moralverleih weist in seiner Werbung bei jeder Gelegenheit darauf hin »Musik: Paul (Beatle) McCartney«. Plötzlich mußte von Staats wegen beteuert werden, daß dieser Paul nicht einfach Paul, sondern »Paul (Beatle)« war. Auf Filmplakaten und Szenenfotos, in Filmprogramm und Filmkritiken, immer hieß es »Paul (Beatle)«. Zugegeben, nicht jedermann im Dresdner Tal war damit gesegnet, zu wissen, wer Paul

„Honigmond 67" (England). In Farbe gedrehter Alltagsfilm über die Flitterwochen-Sorgen eines jungen Pärchens. Eine recht delikate Geschichte; sauber und amüsant erzählt, aber mit Kitsch-Happy-End.

HONIGMOND 67

Ein englischer Farbfilm in Technicolor

Produktion:
Boulting Brothers

DREHBUCH:
BILL NAUGHTON nach seinem Bühnenstück „All in Good Time"

Bearbeitung:
Roy Boulting und Jeffrey Dell

PRODUKTION und REGIE:
JOHN und ROY BOULTING

Musik:
Paul (Beatle) McCartney

Kamera:
Harry Waxman

McCartney ist, wie sich das schreibt und wie es sich ausspricht. Da rührte »Paul (Beatle)« schon eher an den Schlaf der Talwelt, auch wenn sächsische Zungen mit ihrem Mädchennamen verunglimpfenden Diminutiv geneigt waren, aus »Beatle« eine »Beatel« werden zu lassen. Was ich am Sonntag, dem 24. März 1968, 17 Uhr mit der »Honigmond«-Filmmusik zu hören bekam, hatte mit den von mir vergötterten Beatles wenig zu tun. Ein »Paul (Beatle)« macht eben noch keine Beatles. Trotzdem bildete ich mir ein, gelegentlich eine Mischung aus »Eleanor Rigby«, »Penny Lane« und »Fool On The Hill« wiedererkannt zu haben.

Die Filmmusik »The Family Way«, so der Originaltitel von »Honigmond«, soll wegen »Paul (Beatle)« im Mutterland ein Hit gewesen sein. Derweil drehte John (Beatle) Lennon mit Richard Lester »Wie ich den Krieg gewann«, George (Beatle) Harrison war mit seiner Sitar in Indien beschäftigt und Ringo (Beatle) Starr machte Urlaub auf Sardinien. In den Schulpausen diskutierten wir nicht, weshalb es dem frisch verheirateten »Honigmond«-Ehegatten nicht gelingt, seine Ehegattin zu begatten, führten keine Debatte darüber, was es überhaupt bedeuten mochte, wenn einer nicht dazu fähig ist, die Ehe zu vollziehen, vielmehr trieb uns die Sorge um, ob die Beatles nun am Ende seien. Die Frage erledigte sich erst dann, als der Schulhof Ende November 1968 meldete, daß die Beatles eine neue Platte draußen hatten, das »Weiße Album«.

Zwischen »Honigmond« und »Weißem Album« bot mir der Faun-Palast am 7. August die Tucholsky-Verfilmung »Rheinsberg« mit Conny Froboess, am 25. August den französischen Krimi »Zwischenfall an der Riviera«. Im Dresdner Tal war Sommer, der Ferien ohne Ende verhieß, und in Prag war Frühling, der am 21. August 1968 ein jähes Ende nahm. Anders als andere, die 1968 noch im Vorschulalter waren und heute betonen, wie sehr sie die Prager Ereignisse politisiert hätten, bekam ich von dem Zwischenfall an der Moldau kurz vor meinem siebzehnten Geburtstag wenig mit.

Noch lag ein schier undurchdringbarer Dunstschleier von Versatzstücken aus Karl-May-Romanen, Tonbandspulen und Filmbildern über mir. Offizielle wie familiäre Nachrichtenfilter schirmten mich ab, und ich fühlte mich nicht einmal unwohl dabei. Einige von den Nach-68er-Filmen kratzten wenigstens an meiner Taubheit. Aber vom Wachsein war ich noch ein ganzes Stück weit entfernt, ganz zu schweigen vom Wachsamsein. »Junge Dornen«, »Up the Down Staircase«, »Was kommt danach?« und in den 70ern »Blutige Erdbeeren« gaben mir zu denken. Allmählich begann ich mich an der Arbeit einzelner Regisseure zu orientieren, merkte mir die Namen von Bergman, De Sica, Fellini, Antonioni, Wajda, Preminger, Wilder. Als sich in einigen Kinos schließlich Filmklubs gründeten, in denen Stummfilme mit Western, Nouvelle Vague mit Samuraifilmen konkurrierten, war kein Halten mehr.

Ein Stein auf dem Weg aus der Taubheit war »Privileg«. Gedreht von Peter Watkins 1966 in England, am 29. April 1969 in der Leipziger Straße gezeigt. Paul Jones, einst Sänger bei Manfred Mann, wird als Popsänger Steven Shorter von seinem Management für zweifelhafte Ziele mißbraucht. Grandios die Szene, als er, gefangen in einem Käfig, ein Lied in Handschellen singt und die ihn bewachenden Polizisten hämmern mit ihren Schlagstöcken an den Käfigstangen den Takt dazu. Einzige Schwachstelle des Films: Die Beatles kamen nicht vor. Das Programmheft aber benutzte die Beatles als abschreckendes Beispiel, ließ nicht unerwähnt, daß sie »von der Queen empfangen und mit Orden dekoriert« wurden, und zitierte John (Beatle) Lennon mit dem Satz: »Wir sind populärer als Jesus.«

Mit dem nagelneuen DEFA-Film »Weite Straßen – stille Liebe«, einem Roadmovie der besonderen Art, nahm ich Fahrt auf in das 1970er Jahrzehnt. Am 17. Dezember 1969 saßen keine 50 Zuschauer im Saal, obwohl Publikumsliebling Manfred Krug einen Fernfahrer mimte. Der Faun-Palast spielte noch bis 1991. Danach war der Sohlenabdruck vom langen Sitzenbleiber an der Stirnseite des linken Saalgangs endgültig ausgelöscht.

Dr. Sorge in Gotha

In den Winterschulferien 1965 hatte Vater sich eine Woche freigenommen, um mit mir nach Tabarz zu fahren. Viel Schnee lastete in diesem Winter auf dem Thüringer Wald. Jeden Tag unternahmen wir ausgedehnte Skiwanderungen. Tabarz, Cabarz, Emsetal, Rennsteig, Oberer Beerberg, Inselsberg. Es war, als ob sich über Thüringer Flur nur noch Waldläufer auf Skiern bewegten. Tagelang hatte es geschneit. Der öffentliche Nahverkehr war dürftig geworden und fast zum Erliegen gekommen. Die Welt ringsum mit Hausmeisterposten und Schulpflichten lag für uns sehr weit weg, irgendwo im Hinterland.

Entsprechend schwierig gestaltete sich die Rückfahrt. Wir fuhren mit der Thüringer Waldbahn nach Gotha, fanden keinen passenden Zuganschluß und wollten den unliebsamen Aufenthalt irgendwie überbrücken. Um nicht stundenlang in der zugigen Mitropa vor Bockwurst, Bier und Faßbrause sitzen zu müssen, ließen wir Skier, Koffer und Rucksack in der Gepäckaufbewahrung des Bahnhofs zurück und liefen durch die alte Residenzstadt. Das Naturkundemuseum, das mich interessiert hätte, hatte bereits geschlossen, also sahen wir uns nach einem Kino um. Nachdem wir viel Schnee gesehen hatten, wollten wir einen Film sehen. »Wer sind Sie, Dr. Sorge?«, las Vater auf einem Filmplakat. Der Name mußte ihm etwas sagen, denn er stutzte. Sorge, Dr. Sorge? Aber ja, Sorge, der Kundschafter für die Sowjets! Kundschafter? fragte ich. Naja, der hat eben spioniert. Dann war Richard Sorge ein Spion? Eigentlich war er ein Widerstandskämpfer. Oh ja, ein Spionagefilm, jubelte ich. Aber der Film war erst ab 14 Jahren freigegeben, ich war beim Skilaufen dem neuralgischen Prädikatsalter kaum näher gekommen, und gewachsen war ich im Schnee auch nicht. Immerhin wirkte ich mit den klobigen Skistiefeln an den Füßen etwas größer als normalerweise. Zieh dir die Mütze bißchen ins Gesicht, sagte Vater, und halte dich gerade, Junge, das schaukeln wir schon. Dann steuerten wir die Kinokasse an.

Natürlich mißtraute die Kassiererin meiner Vermummung und fragte den Vater, als der zwei Karten verlangte, was mit dem da sei, dabei zeigte sie hinter ihrem Kassenfenster auf mich, ob denn der schon 14 sei. Ob er denn nicht wisse – jetzt richtete sie ihren Zeigefinger auf Vater –, daß sie sich strafbar mache, wenn sie das Kind in die Vorstellung lasse, ging es weiter. Und überhaupt, wo kämen wir denn hin, wenn jeder denke, er brauche sich nur eine Pudelmütze ins Gesicht ziehen, und schon käme er hier herein. Aber so einfach wäre das nicht, schließlich habe sie hier die Verantwortung – jetzt zeigte sie mit dem Finger auf sich –, und die trage sie, komme, was wolle, die Verantwortung, die sie habe ... Sie begann sich in ihrer Rede zu verheddern, was Vater nutzte, und durch die Kassenfensteröffnung in das gerötete Frauengesicht etwas von Zugverspätung und Erziehungsberechtigtem und Aufwärmen sagte und von der Nachmittagsvorstellung, bei der es doch nicht so darauf ankäme, und von der Verantwortung, die selbstverständlich er übernähme, während sie, die Kassiererin, voller Verantwortung die ihre behalte. Leicht irritiert forderte sie 50 Prozent Zuschlag wegen Überlänge, dann rückte sie die Karten heraus. Vater, ohne eine Miene zu verziehen, bat noch um ein Programmheft, zahlte, legte mir einen Arm auf die Schulter und schob mich in Richtung Saaleingang.

Der »Augenzeuge« lief bereits, an den sich unvermittelt der Hauptfilm anschloß, ohne daß das Saallicht noch einmal eingeschaltet wurde. Das konnte mir nur recht sein. Im Dunkeln würde wenigstens keiner meine Vorjugendlichkeit erkennen. Die französisch-italienisch-japanische Koproduktion war nicht bunt, aber in DyaliScope, also breite Leinwand zu breit angelegter Handlung. Es ging hochpolitisch zu. Ich verstand nur die Hälfte. Die andere Hälfte waren die 50 Prozent Überlänge. Richard Sorge geht 1933

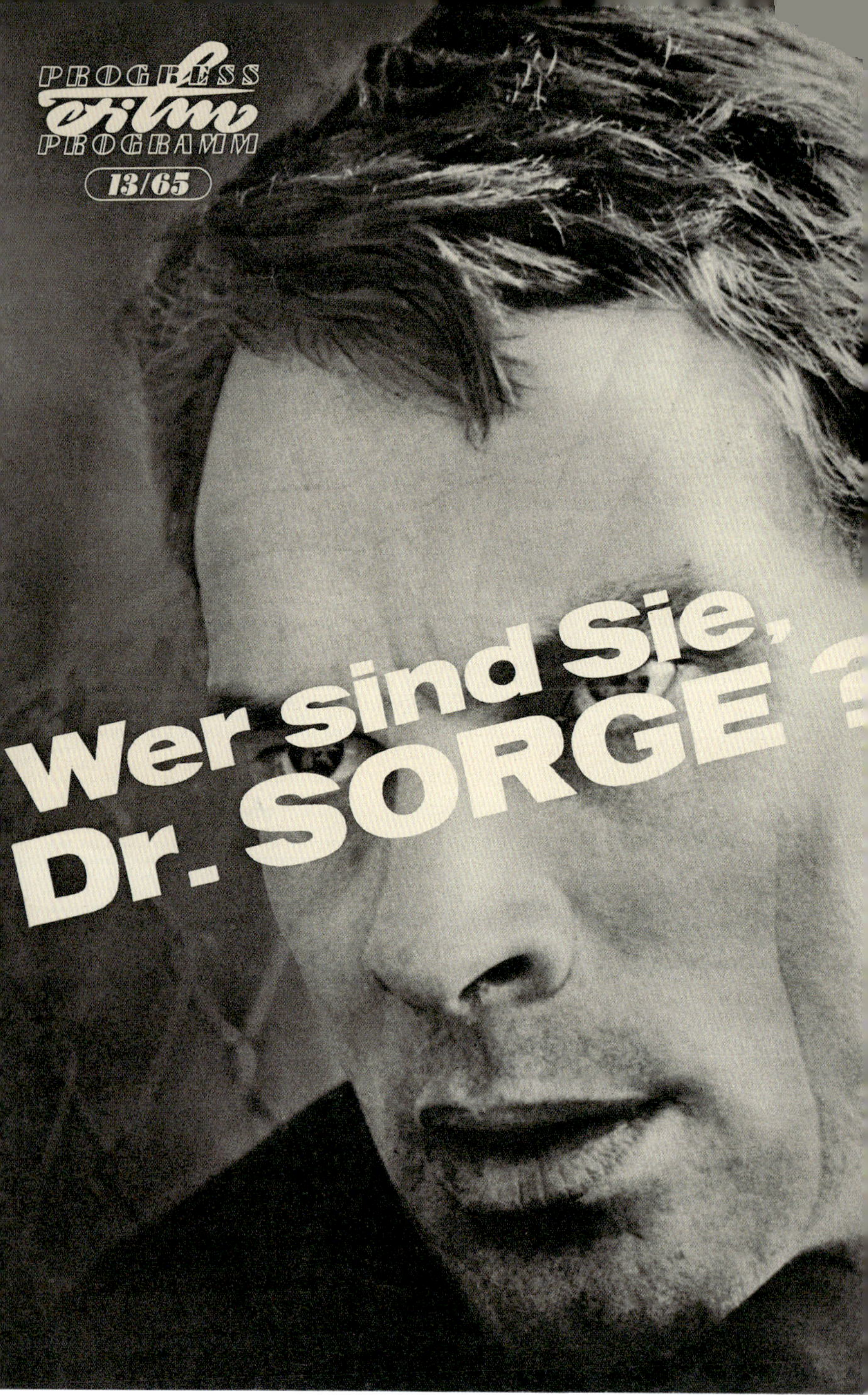
PROGRESS
film
PROGRAMM
13/65
Wer sind Sie,
Dr. SORGE ?

als ständiger Korrespondent der »Frankfurter Zeitung« nach Tokio, wird als Presseattaché zu einem der wichtigsten Deutschen in Japan. Aber seine eigentliche Passion ist es, Spion im Auftrag Moskaus zu sein, bis 1941 die Tarnung auffliegt und er 1944 hingerichtet wird. Ich sah Boy Gobert aus »Pension Schöller« wieder, dem dieses Mal keine Fliege in den Hals, sondern als deutscher Botschafter Meissinger eine Hakenkreuzbinde an den Ärmel der SS-Uniform geflogen war, sah das erste Mal Mario Adorf, der Sorges Funker Max Clausen spielte, sah das erste Mal Geishas, sah rauschende Feste, bei denen die Frauen reihenweise dem schlank gewachsenen Richard Sorge erlagen, deshalb P 14, sah ein graues, beinahe düsteres Tokio.

Vielleicht war ich etwas müde vom vielen Schnee, der dort draußen unsere Urlaubstage bestimmt hatte, jedenfalls fand ich den Film nicht sonderlich spannend. Trotzdem stellte ich danach verwundert fest, daß mir so ein Kundschafterleben gefallen könnte. Abgesehen von der Hinrichtung. Etwas im Verborgenen tun, wovon nur eine Handvoll Leute wissen. Ein doppeltes Spiel spielen. Etwas vortäuschen. Aber weshalb nennt das Programmheft Dr. Richard Sorge nicht einen Spion? Warum wurde Sorge, »der berühmte Mitarbeiter des sowjetischen geheimen Informationsdienstes« (Programm), erst 1964, zwanzig Jahre nach seiner Hinrichtung, auf Erlaß des Obersten Sowjets der UdSSR mit dem Titel »Held der Sowjetunion« ausgezeichnet? Hat Vater schon als Wehrmachtssoldat von Richard Sorge gewußt? Und muß einer erst sterben, damit das, was er getan hat, als Widerstand erkannt wird? Fragen über Fragen. Ich gab Vater keine Chance, auf die Fragen zu antworten, ich habe sie ihm nie gestellt.

Auch die DEFA legte sich ins Zeug, ihren Beitrag in Sachen Spionage zu leisten. Am bekanntesten wurde »For Eyes Only«, der im Juli 1963 Premiere hatte und so gefragt war, daß er lange nicht aus den Spielplänen verschwand. Unschlagbar aber blieb die spektakulär erfolgreiche sechzehnteilige Fernsehserie »Das unsichtbare Visier«, die in den Jahren 1973 bis 1979 im Fernsehen lief. Wenn einer der Teile auf Sendung ging, fegte das für eineinhalb Stunden die Straßen leer, sofern es überhaupt vorstellbar war, daß sowieso leere Straßen noch leerer werden konnten. Armin Mueller-Stahl gibt den Staatssicherheitsoffizier Werner Bredebusch und spitzelt als Gentlemanspion Achim Detjen die alte Bundesrepublik aus. Mueller-Stahl spielte gut. Er spielte Bredebusch-Detjen so überzeugend gut, als sei er von dem, was er spielte, wirklich überzeugt. Später, 1977, wurde ihm die Rolle entzogen, weil dem zuständigen staatlichen Organ bekannt geworden war, daß Mueller-Stahl doch nicht glaubte, was er spielte. Ab der zehnten Folge übernahm das Spionieren Horst Schulze, der sich schon als Karl Liebknecht bewährt hatte. Aber Schulze war nicht Mueller-Stahl, und die Straßen wurden weniger gefegt. Das schauspielerische Können von Mueller-Stahl bestand fraglos darin, etwas, wovon er nicht überzeugt war, so überzeugend zu spielen, daß man als Zuschauer nicht umhin kam, zu glauben, daß Mueller-Stahl absolut davon überzeugt war, was er spielte. Für viele Überzeugte muß der Schock dann entsprechend groß gewesen sein, als bekannt wurde, daß Mueller-Stahl kein Überzeugter mehr sein wollte, überhaupt niemals von dem, was er mit der Bredebusch-Detjen-Rolle verkörperte, überzeugt gewesen war. Als Mueller-Stahl bald darauf in den Westen ging, war das für die Überzeugten schon kein Schock mehr, irgendwie hatten sie es geahnt, daß der mit falschen Karten spielt. Und überhaupt, einem Schauspieler darf man einfach nicht trauen, davon waren sie schon lange überzeugt.

TB
Bischofsplatz 4

Ein richtiger Platz ist der Bischofsplatz nicht, nur eine Straßengabel eingekeilt von zwei Eisenbahnbrücken, weiter nichts. Wenn die Stadtgegend am Familientisch Erwähnung fand, dann wurde sie »Hechtviertel« und verrufen genannt. Auch Rudolf Leonhard änderte daran nichts, als ihm dort eine Straße gewidmet wurde. Selbst er, ein Schriftsteller aus antifaschistischer Schublade, rettete das Viertel nicht vor familiärer Aburteilung. Dort wohne man nicht, hieß es, dort ginge man am besten gar nicht hin. Aber als Kind, das sich jugendlich wähnte, hatte ich keine Ahnung von einer wie auch immer gearteten Verworfenheit. Nebenan standen die Schauburg, eine Vereinssporthalle, in der ich einmal Handball spielte, und das Haus der NVA. Was sollte daran verrufen sein?

Im Februar 1965 zog es mich ins Hechtviertelkino Theater am Bischofsplatz, was die Dresdner kurz »TB« nannten. In einer Nachmittagsvorstellung wurde der französisch-italienische Film »Der Graf von Monte Christo« gegeben. Daß sich der »Graf«, obwohl schon 1953 gedreht und 1960 von den meisten Dresdner Kinos gezeigt, noch einmal auf eine Dresdner Leinwand verirrte, war für mich ein Glücksfall. Damals hatte ich eine unanfechtbare Vorliebe für Koproduktionen, die mit dem geographischen Doppeladjektiv »französisch-italienisch« bedacht waren. Dieser herkunftstechnische Doppelmoppel war mir zu einem Zauberwort geworden. Seit ich ihm verfallen war, hatten sämtliche Partisanen von Mosfilm einen schweren Stand. Auch wenn Arbeiter im Auftrag der DEFA noch so sehr ihre Fäuste ballten, ich war als 13jähriger auf »Französisch-Italienisches« aus. Dort trug man Mantel und Degen, sprach sich mit »Monseigneur« an, verwegene Glücksjäger bestan-

PROGRESS
Film
PROGRAMM
128/60
PA
DER GRAF
II. TEIL
VON MONTE CHRISTO

den zur Rettung einer von mir unverstandenen Ehre die unglaublichsten Abenteuer und zumeist gaben Paris oder das Mittelmeer die besten aller Kulissen ab.

Das neustädtische »TB« habe ich als einen schmalen Schlauch in Erinnerung. Den schmalbrüstigen Abstand der Seitenwände zueinander versuchte eine weitläufige Raumtiefe wettzumachen. Die Leinwand sehe ich ungewöhnlich weit oben hängen, so daß zwar von jedem Sitz freie Sicht garantiert, Genickstarre aber so gut wie vorprogrammiert war.

Der zweiteilige Graf zeigte sich 188 Minuten in überkolorierten Farben zu doppelten Eintrittspreisen. Teil I »Glück und Verbannung« und Teil II »Heimkehr und Rache« liefen am Stück hintereinander. Der »Graf« allein wäre nicht der Rede wert gewesen. Auch besaß das Buch von Dumas dem Älteren nicht genügend Lockstoff, mir diesen Film schmackhaft zu machen. Dem »TB« gegenüber grenzte der Innere Neustädter Friedhof mit einer Mauer an den Bischofsplatz. Vielleicht ruhten in den Gräbern dort Eifersuchtsdramen und Rachetragödien, gaben sich neben Bahndamm und Straße unterm Rauschen hoher Bäume die Gebeine von Betrügern und Intriganten ein Stelldichein. Womöglich war unter den Toten sogar einer, den sie zu Lebzeiten mit »Monseigneur« angesprochen hatten. Das hätte ich mir vorstellen müssen. Aber so weit reichte meine Phantasie nicht, in das Reich der Toten, wie man zu sagen pflegt. Der Jüngling lebte sein vierzehntes Jahr, hatte kaum eine Ahnung vom Leben und keine Vorstellung vom Nichtleben. Es hat den Anschein, als wäre seine Vorstellung eine einzige Kinovorstellung gewesen. Wie im Februar 1965, als die Bäume hinter der Friedhofsmauer kahl und das »TB« kalt waren. Geschichte und Geschichten kamen später. Auch in der Schule spielten Geschichte und Literatur keine Hauptrollen, französische schon gar nicht, der Sturm auf die Bastille, die Pariser Kommune und Gavroche in »Die Elenden« von Hugo fanden höchstens randständig Erwähnung, trotzdem hegte ich gegenüber den zuständigen Lehrern keine Rachegelüste.

DER GRAF I. TEIL
VON MONTE CHRISTO

Nach dem Roman von Alexandre Dumas
Buch und Dialoge: Georges Neveux · Musik: Jean Wiener · Kamera: Robert Juillard · Bauten: Robert Clavel · Kostüme: Georges Benda
Schnitt: Monique Kirsanoff · Produktionsleitung: Wladimir Roitfeld

REGIE: ROBERT VERNAY

Edmond Dantès	Jean Marais
Fernand	Roger Pigaut
Villefort, kgl. Staatsanwalt	Jacques Castelot
Caderousse	Daniel Ivernel
Garconte, seine Frau	Claude Génia
Morel	André Brunot
Mercedes	Lia Amanda
Noirtier	Noël Roquevert
Ludwig XVIII	Temerson
	u. a.

Ein französisch-italienischer Farbfilm im Verleih des VEB Progress Film-Vertrieb

Nur eins zählte, als ich mein Taschengeld ins »TB« trug: Jean Marais spielte die Hauptrolle. Er war Edmond Dantès, der nach Intrigen und Gefängnis zu unglaublichem Reichtum gelangt und als selbsternannter Graf zum Racheengel wird. Edmond Marais, Jean Dantès, alles eins. Kein anderer Schauspieler in der Dumas-Verfilmung war mir bekannt. Weder blieb mir der Auftritt von Ludwig XVIII. noch der von Napoleon auf Elba in bleibender Erinnerung. Vermutlich habe ich bei diesen Szenen abgeschaltet, was bei 188 Minuten Spielzeit kein Wunder gewesen wäre. Aber ich sah lange noch das von einem mächtigen Bart bis zur Unkenntlichkeit verunstaltete Gesicht des Marais-Dantès vor mir, und ich fragte mich, wie lang ein Bart eigentlich werden kann, wenn einer 18 Jahre keine Gelegenheit hat, sich zu rasieren. Auch blieb als Rätsel, das damals freilich keiner als solches erkannte, wie ein Dresdner Jüngling dem Schönling Marais derart verfallen konnte. Als auch ich der Mode unterlag, Briefe an europäische Radiostationen zu schreiben in der Hoffnung, aus der großen weiten Welt ein paar Bilder zu ergattern, bat ich Radio Paris um ein Autogrammfoto von Jean Marais, statt mir Brigitte Bardot zu wünschen. Dafür findet sich bis heute keine Erklärung. Konnte ich nicht wenigstens bei der Wahl der Filme anspruchsvoller sein? Wenn schon Jean Marais, hätte ich mir dann nicht die Jean-Cocteau-Filme »Die Schöne und die Bestie« oder »Orphée« ansehen können? Das alles kam später, als sich die Cocteau-Filme, die nicht im volkseigenen Progress Film-Verleih zu haben waren, wenigstens in die Programme verschiedener Filmklubs einschmuggelten. Es ging gar nicht darum, anspruchsvoll zu sein. Wichtig war einzig und allein der Gang ins Kino, daß der Gong dreimal erklang, der Vorhang beiseitefuhr und endlich das Licht ausging.

Natürlich folgte dem Film-»Graf« die Lektüre von Dumas. Irgendwann gelangten sogar die »Monte Christo«-Fortsetzungen »Der Herr der Welt« und »Die Millionenbraut« von einem gewissen Adolf Mützelburg heimlich unter die Leselampe. Aber da hatte ich den Jüngling und auch Karl May fast schon hinter mir gelassen und mich am Begriff »Kolportage« zur Genüge abgearbeitet. Denn der Zufall wollte es, daß die Filme, die ich mir nach dem »Monte Christo« im »TB« ansah, Kolportageproduktionen aus realsozialistischen Bruderländern waren.

Am 5. November 1966 sollten »Verzauberte Inseln« verzaubern, ein seltsam unambitionierter sowjetischer Dokumentarfilm über eine Expedition nach Indonesien, Australien und Neuseeland zur Erforschung vom Aussterben bedrohter Arten. Eine nicht totzukriegende, nicht aussterben wollende Retourkutsche auf den Serengeti-Film von Bernhard Grzimek aus dem Jahr 1959 und den Galapagos-Film von Heinz Sielmann aus dem Jahr 1961. Dann kam am 18. August 1967 »Das Geheimnis des Medaillons«, ein rumänischer Kriminalfilm, der mit der schönen Anna Széles glänzen konnte, sonst aber in glanzloser Agitation hängenblieb. Und am 14. September 1967 folgte »Die Nixe auf dem Siegelring«, ein quälende 188 Minuten langer ungarischer Film um die Erlebnisse eines Widerstandskämpfers. Mit der »Nixe« waren meine Besuche im »TB« besiegelt, bald auch das Schicksal des Kinos.

Die filmischen Ereignisse im »Hechtviertel«, von denen mir das von Februar 1965 so ungemein wichtig erschienen war, hatten allerdings ein nichtfilmisches Nachspiel. Im Juli 1969 hieß es plötzlich unter der Rubrik »TB« im wöchentlichen Filmprogramm der Stadt: »Aus bautechnischen Gründen vorübergehend geschlossen«. Aus »vorübergehend« wurde Endgültigkeit. Daß ein Kino schließt und in seinen Räumen ein Supermarkt, eine Spielhalle oder eine Kneipe öffnen, kann heute als ein alltäglicher Vorgang betrachtet werden. Damals war es etwas Einmaliges. Was »TB« genannt wurde, überlebte als Filmtheater die 1960er Jahre nicht. Wer danach vom Bischofsplatz aus den immer noch schmalen Schlauch des umgewidmeten Raums betrat, kam in ein Konsumfachgeschäft für Polstermöbel. Als der Jüngling achteinhalb Jahre nach dem »Grafen« verheiratet war, kauften er und seine Frau in jenem Laden ihr erstes Liebesmöbel. Womöglich stand das Ausstellungsstück unserer Doppelbettcouch haargenau an jenem Platz, auf dem ich einstmals saß, um Jean Marais als Graf von Monte Christo zu sehen.

Schauburg I
Otto-Buchwitz-Straße 55

Für einen Jungen aus der Südvorstadt wäre es vielleicht ratsam gewesen, sich sein Lieblingskino in der Nähe zu suchen, aber die Südvorstadt war mit Kinos dürftig bestückt. Der Otto-Buchwitz-Saal, der einmal in der Woche vom Mensa-Saal in einen Film-Saal umgeschminkt wurde, war dem Südvorstädter Jungen bald schon nicht mehr Kino genug. Warum er aber ausgerechnet der Schauburg in der Neustadt verfiel, kann nicht mehr zweifelsfrei geklärt werden. Die Namensgleichheit des Hochschul-Festsaales mit der Neustädter Schauburg-Straße, Otto Buchwitz hier, Otto Buchwitz dort, wird es wohl kaum gewesen sein, zumal die Straße von alteingesessenen Bewohnern unter vorgehaltener Hand immer noch Königsbrücker Straße genannt wurde. Schon der Weg aus der Südvorstadt über die Elbe hin zur Schauburg war kein Pappenstiel, mußte doch für die einfache Strecke mit der Straßenbahn und einem Umsteiger fast die halbe Zeit eines 90-Minuten-Films in Kauf genommen werden.

Das Erstaufführungstheater und Premierenkino rückte endgültig in den Mittelpunkt seines Interesses, als dort im April 1965 die erste »Woche des französischen Films in der DDR« veranstaltet wurde. Keiner hat die Absicht zu behaupten, daß der Südvorstädter durch das Mensa-Kino nur auf sowjetische Buntfilme und die leichte Kost westdeutscher Revueschmonzetten abonniert war. Es konnte nicht mehr bemäntelt werden, daß das Filmland Frankreich mit Mantel und Degen deutlich an die Spitze seiner Vorlieben rückte. Drei Filme hatte er bereits mit Jean Marais gesehen: »Der Graf von Monte Christo«, »Der Gejagte« und »Le Capitan«, nicht zu vergessen Gérard Barray als d'Artagnan in »Die drei Musketiere«. Da kam ihm die französische Filmwoche gerade recht.

Unter sieben Premierenfilmen gab es zwei, die ich unbedingt sehen wollte. Zwar traten in beiden Filmen weder Mantel noch Degen auf, aber immerhin Jean Marais. Es galt, zu pokern. Zum einen würden die Eltern mich, der ich immer noch unter der Schmerzgrenze P 14 lebte, gewiß nur einmal von der Südvorstadt bis in die Neustadt ziehen lassen, und wenn, dann nur in Begleitung von mindestens einer Schwester. Zum anderen war zu vermuten, daß der VEB Progress Film-Vertrieb von einer Filmwoche wie dieser längst nicht bereit wäre, alle Filme in den Verleih zu übernehmen. Wenn ich trotzdem beide Marais-Filme sehen wollte, mußte ich mich für denjenigen entscheiden, der nur in der Frankreichwoche und danach nie wieder laufen würde.

Ich traf die richtige Wahl, ließ die Kriminalkomödie »Der ehrenwerte Stanislaus« sausen, die dann, wie gehofft, ein halbes Jahr später im normalen Kinoprogramm auftauchte. Stattdessen ging ich am 7. April 1965 nicht nur das erste Mal in die Schauburg, sondern konnte Jean Marais in der einzigen Aufführung von »Fantomas« bewundern. Daß ich die Angewohnheit hatte, den Filmtitel »Fan Thomas« auszusprechen, als würde er etwas mit dem Thomas aus der Nachbarschaft zu tun haben, und die Schwester mich wegen meiner Aussprache ständig hänselte, tat meiner Vorfreude keinen Abbruch. Es gab eine Wiederbegegnung mit der schönen Mylène Demongeot als Reporterin Hélène, die schon in den »Musketieren« reizend ausgesehen hatte. Daß sie ein Brigitte-Bardot-Verschnitt war, begriff ich erst später. Louis de Funès zappelte sich erstmals als Kommissar durch den Film, bevor er als Gendarm nach St. Tropez versetzt wurde. Und schließlich verwirrte der smarte Jean Marais mit einer Doppelrolle. Ich weiß nicht, ob ich, der ich immer noch ein Junge war, verstand, wieso Marais gleichzeitig der Verbrecher Fantomas und der Reporter Jérôme Fandor sein konnte, warum Jekyll und Mr. Hyde zu gleicher Zeit in ein und derselben Person sind. Was es mir nicht leichter machte, war das Spiel mit den Masken. Fantomas zeigt sich während des gesamten Films mit einer grauweißen Erstarrungsmaske, die keine Veränderung erfährt, keine Mimik zuläßt und hinter der eine wenig modulierte Automatenstimme hervorschnarrt. Wenn es die Situation erfordert, trägt Fantomas das Gesicht seiner Verfolger. War er wieder einmal denkbar knapp entwischt, konnte der Zuschauer mit wohligem Ekel beobachten, wie sich Fantomas die fremde Gesichtshaut von der eigenen Maske schält. Das Maskenspiel war nicht ganz neu und sollte den Filmfreund 1970 beim Edgar-Wallace-Spektakel »Der Hexer« mit Joachim Fuchsberger und Heinz Drache in Ultrascope erneut beunruhigen oder langweilen. Der Film, in dem sich Fantomas immer wieder lachend seiner Bestrafung entzieht, wurde nie wieder in einem DDR-Kino gezeigt. Erst zwanzig Jahre später lief er samt seiner Nachfolger »Fantomas gegen Interpol« und »Fantomas bedroht die Welt« als besonders besinnlicher Leckerbissen am Zweiten Weihnachtsfeiertag 1984 und Neujahr 1985 im Fernsehen. Allerdings war ich da bereits auf etwas andere Filme aus, und Jean Marais war mir als Akteur von Jean Cocteau näher als in den Rollen des gejagten Fantomas-Capitan.

Trotzdem war mein Anfang mit der Schauburg 1965 vielversprechend. Ich glaube sogar, ich wäre danach für jeden beliebigen Film bereit gewesen, in die Neustadt zu fahren. Am 28. August 1965, einem Samstag, war es 16.45 Uhr wieder soweit: Gezeigt wurde »Fanny«, ein amerikanischer Farbfilm in Technicolor mit Überlänge. Meine Wahl war das nicht, vielmehr die meiner damals 17jährigen Schwester.

Vielleicht hatte sie gerade keinen Freund, der sie hätte ins Kino einladen können, jedenfalls zog sich Vater die Spendier- und ich mir die Wochenendhose an und ab ging es. Natürlich wollte die Schwester gar nicht Fanny, sondern Horst Buchholz sehen, den sie schon als Felix Krull kannte. Ich meinerseits wollte zwar Fanny sehen, war aber ein wenig zu jung für sie. Also tröstete ich mich mit den eigentlichen Hauptdarstellern des Films, mit Marseille und dem Mittelmeer. Niemals wieder in den folgenden 35 Jahren, die es noch dauern sollte, bis ich dem Mittelmeer leibhaftig gegenüberstand, kam ich diesem tiefen Blau so nahe wie im Film »Fanny«.

Wenn ich es recht bedenke, war meine Schwester schlechter dran als ich, denn sie hatte niemals Gelegenheit, Horst Buchholz vor seinem Tod leibhaftig gegenüberzustehen. Im Programmheft für zehn Pfennige wird die Echtheit der Filmfiguren beteuert. Das Paar Fanny (Leslie Caron) und Marius (Horst Buchholz), der Wirt Cesar (Charles Boyer) und der Segelmacher Panisse (Maurice Chevalier) wären sozusagen mitten aus dem Leben gegriffen. Als könne sich jeder Zuschauer jederzeit selbst davon überzeugen, heißt es: »Am Kai von Marseille kann man leicht den einen oder anderen von ihnen in der Menge erkennen«. Eine Feststellung, die vier Jahre nach dem Mauerbau eine Zumutung war.

Schließlich wuchs am 11. Dezember 1965 in der Schauburg »Die schwarze Tulpe« in Cinemascope und Eastmancolor. Drei Monate zuvor war ich endlich 14 geworden. Schluß mit den Zitterpartien an Kinokassen und Kinotüren. Auch wenn ich immer noch wie ein Südvorstädter von höchstens 12 ausgesehen haben mag, konnte ich jetzt lässig den Personalausweis zücken, wenn bei der Einlaßkontrolle nach meinem Alter gefragt wurde. Und es wurde oft kontrolliert, eigentlich immer, wie sich das für einen Arbeiterstaat gehörte. Wer weiß, ob die »schwarze Tulpe« in den volkseigenen Kinos aufgeblüht wäre, wenn der zuständige Chefagitator vom Progress Film-Vertrieb im Programmheft nicht deutlich betont hätte, daß sich unter den Filmen des Regisseurs Christian-Jaque »das bewegende humanistische Poem ›Wenn alle Menschen der Welt …‹

PROGRESS
Film
PROGRAMM
77/65
FANNY

befindet«. Zum Glück war ich in erster Linie Sammler der Hefte und nur in zweiter Instanz ihr Leser, sonst hätte mir der vollführte Eiertanz um die Einordnung des »ramponierten französischen Hochadels« womöglich den Spaß am Kinobesuch verdorben. Aber Spaß hatte ich mehr als genug, vielleicht auch deshalb, weil ich schon wieder Gelegenheit bekam, eine Doppelrolle zu bewundern. Alain Delon spielte die Zwillingsbrüder Guillaume und Julien, während Virna Lisi zeigen durfte, daß auch Frauen fechten können, mehr nicht, sonst wäre der Film P 18 gewesen. Das Doppelspiel ging für die Doppelrolle nicht gut aus. Ein Bruder wurde gehängt, der andere tröstete sich auffallend schnell mit Virna Lisi, dann wurde abgeblendet. Aber mehr noch als die Schlußblende beschäftigte mich die Frage, ob es etwas zu bedeuten hatte, daß ich bei der »Tulpe« auf demselben Platz wie bei »Fanny« saß: Rang links, Reihe 9, Sitz Nr. 97.

Eine Burg zum Schauen

Vielleicht ist das Kino an der Königsbrücker/Otto-Buchwitz-Straße wirklich einer neuzeitlichen Burg ähnlich. Als grauschwarzer, fensterloser Klotz trotzt es an der Ecke zum Bischofsweg seit Oktober 1927 den Zeiten und dem Straßenverkehr. Ein in die 1950er Jahre Hineingeborener brauchte Phantasie, sich vorzustellen, daß zwischen den Trümmerfundamenten dereinst auch Kinos gestanden hatten. Glaubte man den Älteren, müssen darunter wahre Paläste gewesen sein. 34 städtische Kinos luden zu filmischen Lichtspielvisionen ein, bevor Lichtspiele mit Christbäumen und Feuersturm im Februar 1945 für eine Realität sorgten, wie sie zuvor noch nicht einmal in einem Film zu sehen gewesen war.

Die Schauburg hat all das überlebt. Immerhin konnte der Südvorstädter Junge, als er seine Vorliebe für Filme entdeckte und in beinahe exzessiver Weise ausbaute, noch zwischen 25 Kinos wählen. Auch wenn sie sich vornehm »Filmtheater« nannten, waren die meisten von ihnen nur Flohkisten, die ursprünglich einem ganz anderen Zweck gedient hatten. Es waren Ballhäuser, Gasthöfe, Turnhallen, Schulaulen, Hörsäle, Kulturhäuser. Aber es gab sie. Sie spielten dreimal am Tag, Sonntagvormittag für Kinder und mitunter eine Matinee. Ihre Sitze waren meistens hart, knarrten, quietschten, knallten bei jeder Bewegung. Manchmal war es in den Reihen so kalt, daß man noch im Wintermantel fror. Dann wieder stand die Luft im Saal, so daß zwischenzeitlich die Türen geöffnet werden mußten. Es kam vor, daß die zweite Vorführmaschine ihren Dienst versagte, unter Buh-Rufen das Saallicht anging und gewartet werden mußte, bis der Filmvorführer zurückgespult und die nächste Rolle in die verbliebene Maschine eingelegt hatte. Es

wurde nichts zu trinken oder zu essen angeboten, keine Schokolade, keine Bonbons, kein Popcorn. Aber es wurden Eintritts- und Künstlerpostkarten, Programmhefte und Filmzeitungen verkauft. Die meisten Säle konnten mit einem Dreiklanggong aufwarten und, was das Wichtigste war, sie spielten Filme. Darunter waren unglaubliche Schinken, Schmachtfetzen ebenso wie langweilige Propagandastreifen der übelsten Sorte. Aber wann hat es jemals Filme gegeben, die für jeden Geschmack von allererster Güte waren?

Ob »Der Kapitän vom Tenkesberg« (Ungarn 1963), »Amza, der Schrecken der Bojaren« (Rumänien 1965), »Fürsten, Rächer und Banditen« (UdSSR 1966) oder »Das Geschlecht der Falken« (Rumänien 1965), ob »Flipper« (USA 1962), »Namu, der Raubwal« (USA 1966), »Galapagos – Trauminsel im Pazifik« (BRD 1961) oder »Serengeti darf nicht sterben« (BRD 1959), ob »IX. Olympische Winterspiele Innsbruck 1964« oder »XVIII. Olympische Sommerspiele Tokio 1964«, der Südvorstädter Junge sah sie alle nach und nach. Auch kam es vor, daß er an ein und demselben Tag zweimal im Kino war. So sah er am 27. April 1967 erst »Ernst Thälmann, Sohn seiner Klasse«, dann »Zwei ritten nach Texas«, einen Dick-und-Doof-Film. Über einen eventuellen Zusammenhang zwischen den Ereignissen dachte er nicht einmal nach.

Unter den 25 Kinomöglichkeiten war die Schauburg immer etwas Besonderes, auch dann noch, als 1972 auf der neu bebauten Prager Straße das Rundkino eröffnete. Die Schauburg war das einzige Haus, das den Titel »Filmtheater« wirklich verdiente. Aber sie hatte es nicht einmal nötig, diesen Titel im Namen vor sich her zu tragen. Sie war ganz einfach d i e Schauburg, und jeder wußte, worum es ging. Ihre Telefonnummer 5 08 35 hatte man im Kopf, denn ohne telefonische Vorbestellung, die montags bis freitags in der Zeit von 8 bis 15 Uhr und drei Tage im voraus möglich war, ging oft gar nichts. Bei telefonischer Bestellung mußten die Karten spätestens eine halbe Stunde vor Beginn der Vorstellung abgeholt sein, wenn nicht, gingen sie in den freien Verkauf. Beglückend war es, als einer, der vorbestellt hatte, an der Schlange derjenigen, die in der Hoffnung auf Restkarten an der Tageskasse anstanden, vorbeigelotst zu werden. Und eine Warteschlange stand eigentlich bei jedem Wetter vor dem Haus. Sie quoll aus der zum Kassenfenster führenden Tür und wuchs dann stadteinwärts ein Stück die Königsbrücker/Otto-Buchwitz-Straße entlang. Wer dort wartete, hatte Gelegenheit, die handgemalte Filmwerbung zu betrachten, die einen großen Teil der Hauswand einnahm und für jeden neuen Film gezeichnet wurde. Wo werden die großformatigen Werbetafeln abgeblieben sein? Vermutlich sind sie in den Archiven des zuständigen Werbebetriebes DEWAG verstaubt, um schließlich von einem Schredder kleingehäckselt worden zu sein. Nicht auszudenken, wäre dieser Filmmalerei ein Museum gewidmet. Gewiß, Meisterwerke waren es nicht, aber die Tafelbilder könnten einen Teil unserer Erinnerung stabilisieren.

Wenn sich nach dem Ende der Vorstellung die seitlichen Türen zur Königsbrücker öffneten und die Zuschauer aus dem Parkett strömten, während der Vorverkauf für das Kommende immer noch in vollem Gang war, konnte es sein, daß sich kurzzeitig die Bildgesättigten mit den Erwartungsvollen mischten, daß die Mengen unterschiedslos ineinander flossen. Vielleicht wurden sogar ein paar Worte gewechselt, wie der Film gewesen sei, ob es sich lohne, ihn zu sehen. Dann aber gingen die einen ihrer Wege und die anderen warteten weiter. Nicht selten ging eine Schauburg-Angestellte an der Warteschlange auf und ab, fragte, ob noch jemand vorbestellt habe, und forderte die Wartenden auf, das Eintrittsgeld möglichst passend bereitzuhalten, vor allem die fünf Pfennige Kulturzuschlag.

Bestellte ich Karten im Voraus, vergaß ich nie, »Bitte Rang« zu sagen, denn nirgendwo hatte man ein besseres Kinogefühl als auf dem Schauburgrang. Aus dem schmalbrüstigen Foyer ging es die breite Treppe hinauf, vorbei an den Toiletten und vorbei an der Tür des Vorführraums, die manchmal offenstand. Meistens versuchte ich, einen Blick auf den Vorführer und seine Maschinen zu erhaschen, die mir, gemessen an den Acht-Millimeter-Geräten, mit denen Vater gelegentlich hantierte, ungeheuer groß und respekteinflößend vorkamen. Auf dem Rang fühlte man sich irgendwie geborgen. Es gab nicht, wie unten im Parkett, die Türen, durch die es direkt hinaus auf die Straße ging. Es gab in meiner Erinnerung überhaupt nur eine einzige Tür, durch die alle Zuschauer auf den Rang gelangten und durch die sie ihn wieder verließen. Wenn man erst einmal auf seinem Rangplatz saß, befand sich die Tür hinter einem, versank bei Vorstellungsbeginn in der Dunkelheit und wurde als mögliche Ausflucht aus der Filmwirklichkeit, hinaus in die triste Alltäglichkeit, nicht mehr wahrgenommen. Im Parkett aber blieben die Türen, es waren wohl drei oder vier an der Zahl, als Fluchtöffnungen im Bewußtsein der Zuschauer. Mögen sie auch noch so sehr von dem, was sich auf der Leinwand abspielte, und von den dicken Vorhängen, die bis zum Fußboden reichten, überdeckt gewesen sein, die Türen waren immer anwesend. Die Zuschauer wußten das. Sie hatten die Türen jederzeit seitlich im Blick, denn über ihnen waren kleine Leuchtkästchen angebracht, die gleichsam in der Dunkelheit schwebten und in denen das Wort »Notausgang« schimmerte, womit genau das bezeichnet wurde, was die Zuschauer eigentlich vergessen wollten – daß es nämlich aus jeder Filmgeschichte immer einen Ausgang, einen Ausweg gab. Im Rang gab es diese Türen nicht. Man hätte sich auf seinem Sitz umdrehen müssen, um die einzige Rangtür als Notausgang ins Blickfeld zu bekommen. Aber wer dreht sich um, wenn vorn ein guter Film läuft?

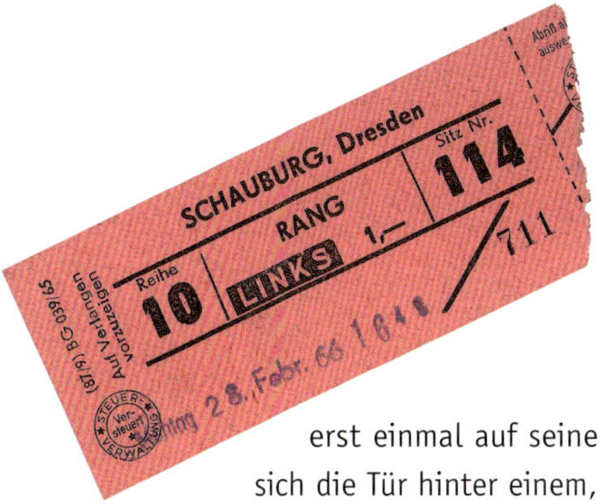

Filmtheater am Hauptbahnhof
Wiener Platz

Manchmal spät abends, wenn der Tag leiser geworden war und der Wind günstig stand, wehten Bahnhofsgeräusche durch die sommerlich offenen Fenster der elterlichen Wohnung. Lautsprecher schnarrten, Lokomotiven pfiffen, Züge stampften, ein allgemeines Volksgemurmel summte vor sich hin. Tierstimmen aus dem östlich des Bahnhofs gelegenen Zoo mischten sich hinein. Und falls Dynamo seinen Kreisel unter Flutlicht spielte, konnte sich sogar ein vielkehliger Torschrei den Weg aus dem Rudolf-Harbig-Stadion an der Bürgerwiese zum Südrand der Stadt bahnen. Aber auch wenn der Wind noch so nachdrücklich aus städtischer Richtung kam, den kleinen Anstieg der Reichsstraße, die bald schon Juri-Gagarin-Straße hieß, hinauf zum Nürnberger Platz wehte, vom Kino am Hauptbahnhof trug er keine Geräusche herbei.

Obwohl es mit ein paar Kuriositäten aufwarten konnte, blieb es nur Randschauplatz meiner Kinogeschichte. Die Umbenennung von Wiener Platz in Leninplatz, wenngleich kurios genug, gehörte allerdings nicht dazu. Zwar änderte sich die Adresse des Kinos, ansonsten aber veränderte sich nichts. Selbst wenn es in »Leninkino« umbenannt worden wäre, und auch das hätte bei den vom vorauseilenden Gehorsam zerfressenen Mitarbeitern der Bezirksfilmdirektion im Bereich des Möglichen gelegen, wäre das Kino geblieben, was es war: eine Flohkiste, die sich gleich einer Hutschachtel aus der Bahnhofsnordfassade stülpte. Kurios war seine Winzigkeit, die es auf etwa 170 Plätze brachte. Winzig der Vorraum, der schon einen überfüllten Eindruck erweckte, wenn ihn mehr als vier Personen bevölkerten, was zur Folge hatte, daß bei Wind und Wetter vor dem Kino gewartet werden mußte, bis eingelassen wurde. Auf der linken Seite war die Kasse, die nicht für ausladende Hüften ausgelegt war, nur eine kleinwüchsige Person konnte hinter der Glasscheibe die Kartenwünsche erfüllen. In den Saal wurde man durch einen ungewöhnlich schweren Vorhang geschleust, der ähnlich einem Baldachin die Saaltür überragte, hinter der bei schummriger Beleuchtung Karten abgerissen und Plätze zugewiesen wurden. Hinter der in Richtung handtuchkleiner Leinwand linken Saalseite fuhren die Züge. Egal ob der Film von Pharaonen oder mittelalterlichen Mönchen, von Meerestiefen oder Weltallweiten erzählte, die Züge waren immer da. Sie bremsten, rangierten, kamen an, fuhren weg. Bisweilen kam das Gefühl auf, das Kino selbst sei ein Zug und führe in jene Zeit, die gerade auf dem Programm stand.

Am 17. April 1965, als ich das erste Mal die Winzigkeit am Hauptbahnhof von innen sah, schien sie mir gar nicht so winzig zu sein, vermutlich, weil ich meinen finalen Wachstumsschub noch vor mir hatte. An diesem Samstag wurde in Familie begutachtet, was die DEFA im Juni 1964 bei den Dreharbeiten an der geschweiften Treppe vom Schumann-Bau zustande gebracht hatte: »Chronik eines Mordes«. Da liefen sie auf der kleinen Leinwand herum, die Domröse, Clown Vršťala, der Flörchinger, der Thein, die erst vor einem Dreivierteljahr bei uns gedreht hatten. Im Schumann-Bau waren sie geschminkt und in Bunt, jetzt sahen sie normal aus, aber schwarzweiß. Was sie bei uns stumm gemimt hatten, hatte jetzt Ton. Die im Film nicht näher bezeichnete Stadt schmückte sich zwar mit der Schumann-Bau-Treppe, die eine Rathaustreppe vorstellte, und dem Innenhof des Dresdner Zwingers, der als Konzertplatz ins Bild kam, sollte aber ganz ohne Zweifel eine »westdeutsche Stadt« sein. Plötzlich wurde offenbar, daß die Domröse den Flörchinger auf der geschweiften Treppe erschießt, weil sie in ihm einen SA-Mann wiedererkennt. Als SA-Mann hatte der Flörchinger vor '45 die jüdische Familie der Domröse denunziert, nach '45 wollte er im Rathaus mit der geschweiften Treppe das Amt des Bürgermeisters übernehmen. Folglich war klar wie Kloßbrühe, daß es sich nur um eine »westdeutsche Stadt« handeln konnte, denn in einer von unseren Städten konnte kein SA-Mann zum Bürgermeister avancieren, um auf geschweiften Treppen erschossen zu werden. Das hatte ich schon in der Schule gelernt. Die Frage, ob nun die Domröse und Clown Vršt'ala etwas miteinander hatten oder haben, ob sie ein Paar sind oder sein werden, ließ der Film natürlich offen. Aber davon verstand ich sowieso nichts. Bezog ich doch das Paarsein damals in erster Linie auf Schuhe und Socken, weniger auf mich und noch weniger auf das Geschlechtliche.

Eigenartigerweise ging es mit »mörderischen« Filmen im Hauptbahnhofkino weiter, als gäbe es einen Bedarf dafür. Weil es beschlossene Sache war, daß bei uns Morde genauso wenig wie ehemalige SA-Männer vorkamen, ließ man wenigstens den einen oder anderen Mordfall im Film zu, vorausgesetzt, er geschah außer Landes. In diesem Fall England, »Der Mann, der einen Mord vergaß« am 4. August, und Jugoslawien, »Mörder auf Urlaub« am 23. August 1965. Doch die Gemeinschaftsarbeit zwischen der DEFA-Gruppe »Heinrich Greif« und der ihr freundschaftlich verbundenen jugoslawischen Produktionsgruppe »Bosna« entwickelte nicht den Sog, den ich mit dem Wort »Koproduktion« verband.

Französisch-italienisch ging es erst wieder am 20. September 1965 zu. In »Abenteuer in Rio« gab Jean-Paul Belmondo hierzulande seinen Einstand. Was für eine Fresse, dachte ich. Jede Schauspielerin an seiner Seite wird leichtes Spiel haben, die Augen der Zuschauer auf sich zu ziehen. Trotzdem sah der Typ irgendwie interessant aus. Ich konnte nicht wissen, daß nasendominierte Gesichter einerseits Tradition, anderseits sogar Zukunft hatten. Fernandel war von mir noch nicht gesichtet worden und Depardieu noch nicht im Geschäft. Außerdem ahnte wohl keiner, daß längst an einem DEFA-Belmondo gearbeitet wurde, der bald schon mit Winfried Glatzeder in Erscheinung treten sollte. Der Koproduktions-Belmondo hatte natürlich sein breitlippiges Grinsen schon wesentlich früher in französische Kameras gehalten, ehe es schließlich mit dem Umweg über Rio auch aus unseren Verspätungsvor-

PROGRESS
film
PROGRAMM
49/65
ABENTEUER IN RIO

führapparaten auf die Leinwand blitzte. Was ihn schlagartig bekannt gemacht hatte, behielt der parteigeschulte Verleih für sich, vorausgesetzt, er wußte überhaupt etwas davon. Schon 1959 war Belmondo als ketterauchender Kleinkrimineller in Jean-Luc Godards »Außer Atem« zum Inbegriff der »Nouvelle Vague« geworden. Mag sein, daß der als VEB firmierende Verleih bei Fremdwörtern schnell außer Atem geriet und auftragsgemäß damit seine Probleme zu haben hatte. »Nouvelle Vague«? Gab es einen im VEB, der das aussprechen konnte? Nein, mit dieser »Neuen Welle« wußten die Verleiher nichts anzufangen. Erst 1974 lief der Godard-Film versteckt im Adlershofer Fernsehprogramm. Dagegen war »Abenteuer in Rio« unverfänglich. Keine »Neue Welle«, eher ein alter Hut, obwohl Regisseur de Broca, weil er bei Chabrol und Truffaut assistiert hatte, als »Komiker der Nouvelle Vague« galt. »Rio« war mit leichter Hand und flott inszeniert. Belmondo konnte mit halsbrecherischen Aktionen und Verrenkungen glänzen, ohne dabei sichtlich außer Atem zu geraten. Die bunten Bilder der Handlungsschauplätze, die in hohem Tempo um die halbe Westwelt sprangen, weckten Sehnsüchte, die mich mehr als sonst an unerreichte Fernen denken ließen. Nebenan, hinter der Kinowand, fuhren die Züge. Aber Fahrkarten nach Paris gab es am Schalter nicht. Belmondo grinste.

Als ich »Ich war neunzehn« sah, war ich sechzehn. Vater lud mich am 31. März 1968 dazu ein. Pädagogische Hintergedanken sind zwar denkbar, aber nicht bekannt. Jedenfalls mag der Film zum Pflichtprogramm eines Zehntkläßlers gehört haben. Konrad Wolfs Geschichte, von ihm selbst verfilmt. April 1945. Der Deutsche Gregor Hecker kommt als Leutnant der Roten Armee in den letzten Kriegstagen nach Deutschland zurück, das er als Achtjähriger mit seinen Eltern verlassen hatte. Gregor Hecker schämt sich seiner Landsleute, bis er am Ende doch Gründe findet, auf eine bessere Zukunft Deutschlands zu hoffen. Die Agitation ebenso reduziert wie die Aktion. Sehr realistische Kriegsbilder in Schwarzweiß, eine andere Art, vom Krieg zu erzählen, als bisher gewohnt.

Später dachte ich, das war der Beginn einer »Neuen Welle«. Im Schutz seiner Familiengeschichte, Sohn des kommunistischen Widerstandskämpfers Friedrich Wolf und Bruder des Oberspions der Staatssicherheit Markus Wolf, konnte sich Konrad Wolf einiges leisten, was jedoch, gemessen an seinen Möglichkeiten, immer noch zu wenig war. Das Lavieren zwischen Staatsdoktrin und Künstlertum ist letzterem selten gut bekommen. Trotzdem lieferte Wolf zusammen mit seinem Drehbuchschreiber Wolfgang Kohlhaase ein paar Filme ab, die der Propagandaabteilung der DEFA wie eine Gräte im kreideverwöhnten Sprachrohr gesteckt haben müssen. Obwohl ich ihn hätte vergessen mögen, weil ich froh war, wenn sich das Thema »Krieg« mit den Narben an Vaters Armen und Beinen erschöpfte, blieb mir »Ich war neunzehn« wegen einiger Schauspieler in Erinnerung. Jaecki Schwarz hatte ein starkes Debüt, der zu Beginn der Dreharbeiten zwar nicht 19, aber immerhin erst 21 war. Jenny Gröllmann war gar erst 20, spielte ein von einem Sowjetsoldaten vergewaltigtes Mädchen, welches das Ereignis mit dem denkwürdigen Kohlhaase-Satz kommentierte: »Lieber mit einem als mit jedem.« Auch waren mit Rolf Hoppe und Johannes Wieke, beide als Wehrmachtsoffiziere, zwei Dresdner Bühnenschauspieler beteiligt, was mir einen Wiedererkennungseffekt ermöglichte, der, um mit Vaters »Landser«-Jargon zu sprechen, wie ein »Heimatschuß« wirkte.

Olympia-Lichtspiele
Dohnaer Straße 57

An Kinonamen wurde nicht gerüttelt. »Ernst-Thälmann-Kino« oder »Marx-Engels-Theater« gab es nicht. Keine der Ideologie geschuldete Umbenennung, kein kommunistisch verbrämter Ahnenkult. Den meisten alten Kinoschachteln, die den Krieg überlebt hatten, ließ man ihre Namen. Nicht einmal »Eisenstein-Spiele« oder »Dudows Flimmerkiste« gab es, obwohl das nicht ganz verkehrt gewesen wäre. Das Olympia soll als letzter Dresdner Kinoneubau vor dem Krieg 1938 eröffnet worden sein. Aus der Sicht des Südvorstädters lag es schon etwas nach Osten hin weggerutscht. Entsprechend selten besuchte ich es. Im Vergleich mit Schauburg oder Faun-Palast hatte das Olympia keine Chance. Aber wenn die Filme schon einige Wochen gelaufen und in den größeren Sälen durch waren, ich sie dort verpaßt hatte und sie sich auf die kleineren Kisten in Randlage verteilten, dann konnte auch das Olympia interessant werden. Und wer genau hinsah, bemerkte vielleicht, daß das Haus durchaus etwas Besonderes hatte. Einladender Kassenraum, links und rechts umlaufende Gänge zu den Saaltüren, stoffbespannte Wände, Tulpenlampen. Aber so genau sah der Südvorstädter nicht hin. Was sollte ihm die äußere Gestalt von Kinohäusern? Er kam, um Filme zu sehen.

Was ich anfangs auf der Dohnaer Straße zu sehen bekam, waren Restbestände jener Zeit, in der ich mir gesagt haben muß: alles oder nichts. Es begann am 2. Mai 1965 mit einer französisch-italienischen Gemeinschaftsproduktion, »Mandrin« in DyaliScope. Angeblich ein Mantel-und-Degen-Film. Von wegen! Dieser Mandrin trug zumeist ein Schnallenjäckchen und focht mit Holzstock, Fackel oder Säbel. Wozu tat ich mir das an? Oder am 3. August 1966 den drittklassigen englischen Kriminalfilm »Serena«? Sah ich ihn, weil Inspector Gregory nicht mit »Genosse Wachtmeister« angesprochen wurde? Was war an »Die Rache der Heiducken« so unverzichtbar, daß ich mir den rumänischen Schinken am Abend des 27. Juli 1969 ansah, um danach, noch in selber Nacht, zusammen mit Freund Reinhard an die Ostsee ins Zeltlager aufzubrechen? Selbst vom Zeltlager aus ging es ins Zeltkino. Viermal in zwei Wochen. Nicht etwa in Begleitung eines Surfergirls, nein, begleitet vom treuen Reinhard. Eigentlich ein Wunder, daß ich nicht schwul geworden bin.

Überhaupt war die Konstellation in der sogenannten Adoleszenz eine denkbar ungünstige, ging ich doch in eine reine Jungenklasse. Wo schnappte man da nach dem anderen Geschlecht? Beim Schulball? In der Tanzstunde? Bei der FDJ-Arbeit? Gewiß, es gab Parallelklassen, die üppig mit Mädchen gefüllt, aber scheinbar für ihre Banknachbarn reserviert waren. Zum Glück gab es die Krankenschwesternklasse, die eindeutig unter Knabenmangel litt. Was lag näher, als sich immer dann mit ihnen zusammenzutun, wenn eine der allseits beliebten Schülerfeten angesagt war. Allerdings konnte nicht ausgeschlossen werden, daß die angehenden Krankenschwestern die »Adoleszenz« als theoretisches Objekt ihrer Studien und weniger als das ihrer Begierde ansahen. Die Kladde des Südvorstädters verrät, am Nachmittag des 25. März 1970 hatte ich einen Vortrag für das FDJ-Schuljahr ausgearbeitet und als Belohnung für meine wackere Arbeit ging ich am Abend ins Olympia. Zwar hatte ich den englischen Film »Was kommt danach ...?« erst am 14. März im »Astoria« gesehen, aber ein wiederholender Nachschlag war ratsam, denn die Frage nach dem »Danach« betraf mich ganz unmittelbar. Treffender konnte die Eröffnung meiner 1970er Jahre nicht hinterfragt werden, auch wenn der Filmtitel vermutlich auf ganz andere Antworten zielte.

Was also würde nach den glorreich swingenden »Sixties« kommen? Nach der britischen Beat-Invasion und den sonntäglichen Hitparaden auf Radio Luxemburg? Nach exzessiver Karl-May-Lek-

FILM
FÜR SIE

Was kommt danach...?

Ein englischer Farbfilm in Technicolor
Produktion: Scimitar Film Produktion
für die Universal Pictures

DREHBUCH: PETER DRAPER

PRODUKTION und REGIE: MICHAEL WINNER

Kamera: Otto Heller / Ton: Charles Paulton und Hugh Strain / Schnitt: Bernard Gribble / Bauten: Seamus Flannery / Musik: Francis Lai

Rollen:	Darsteller:	Deutsche Sprecher:
Johnathan Lute	Orson Welles	Martin Hirthe
Andrew Quint	Oliver Reed	Rainer Brandt
Georgina	Carol White	Marianne Lutz
Gerald Sater	Harry Andrews	F. W. Bauschulte
Direktor	Michael Hordern	K. W. Krause
Louise Quint	Wendy Craig	Margot Leonard
Josie	Marianne Faithfull	Grit Böttcher
Nicholas	Norman Rodway	Paul Edwin Roth
Kaplan	Frank Finlay	Georg Flesch
Macca	Harvey Hall	Lothar Blumhagen
Carla	Ann Lynn	Ilse Kiewiet
Susannah	Lyn Ashley	Ursula Heyer

Technicolor

Verleih: VEB Progress Film-Vertrieb

türe und der daraus folgenden Jahresarbeit im Fach Deutsch? Einiges stand bevor. Die Beatles vor ihrer Auflösung, die Abiturprüfungen, der Studienbeginn, die große Liebe. Aber ich hatte keine Ahnung, was danach käme. Würde ich irgendwann, wie dieser Andrew Quint im englischen Film, mit der Axt meinen Schreibtisch kurz und klein schlagen? Würde ich mich später an den Auftritt der Rolling-Stones-Geliebten Marianne Faithfull in ihrer Rolle als Josie erinnern? Und würde ich den Schauspieler Oliver Reed wiedererkennen, der in dem Film »Die Falle« mit der Stimme von Manfred Krug das Lied »Es freit ein Mann ein Weib, ein Weib« gesungen hat? Nein, ich hatte wirklich keine Ahnung. Auch nicht von der »Fäulnis des Systems«, den »ausgebeuteten Massen«, dem »Schoße der angeprangerten Ordnung« und der »englischen Arbeiterklasse«, wovon das Programmheft dröhnte, das wieder und wieder nach den Lehrheften des FDJ-Schuljahrs klang. Als dann am 17. Oktober 1976 mit »Die letzte Vorstellung« von Peter Bogdanovich das »Neue Hollywood« im Olympia ankam, war das längst noch nicht seine »letzte Vorstellung«. Das Kino hielt noch bis 1995 durch, dann wurde es von einer Kraftfahrzeugwerkstatt abgelöst.

Filmtheater Großenhainer Straße
Großenhainer Straße 146

Das Kino auf der Großenhainer fand sich etwas zurückgesetzt. Nicht benachteiligt oder vernachlässigt. Im Gegenteil. Die Lage des Kinos konnte durchaus idyllisch genannt werden, weil es nicht direkt an der Straße, sondern beinahe im Garten eines Wohnhauses stand. Vorn an der Straße ein Tor, dann der Weg nach hinten, seitlich drei Schaukästen mit Filmwerbung, schließlich der Kinoeingang, eingefaßt von Säulen, die einen Dreiecksgiebel trugen. Hinweise genug auf einen Musentempel. Gelegentlich war von der »Rädelsburg« die Rede, was abgeleitet gewesen sein soll von benachbarter Kneipe. Ich aber kannte nur das Kino an der Großenhainer. Gegenüber wohnte Mutters Freundin, deren Mann, Onkel Heinz, bei der Transportpolizei war. Ihre Tochter Anneliese interessierte mich kurzzeitig mehr als das Kino, was bei mir verhalten für Spätzündungen sorgte. Wenn die zwei Familien auf Sonntagsausflug waren, fragte Onkel Heinz mit Blick auf Anneliese und mich gern: Was machen die Kinder? Worauf mein Vater regelmäßig antwortete: Bloß das nicht! Erst später verstand ich, weshalb das Heiterkeitsausbrüche nach sich zog. Es war die merkwürdige Art, wie Onkel Heinz die Frage betonte und sie sogleich in eine Antwort ummünzte: Was machen die? Kinder. Aber das ist wahrlich keine Kinogeschichte.

Ins Großenhainer ging ich das erste Mal am 27. Mai 1965 und sah den polnischen Film »Die Kreuzritter«, große Oper über das Hauen und Stechen der Deutschordensritter im 15. Jahrhundert. Der Monumentalfilm färbte schon seit 1961 hiesige Leinwände patriotisch ein. In Totalvision. Wie immer erhob das Programmheft den Zeigefinger: »Die Lehren der Vergangenheit sollten gegenwärtig sein.« Die Vision war wahrlich total. Die allgemeine Gegenwart und besonders die des Südvorstädters sahen ganz anders aus. Dort waren die Beatles schon über »For Sale« hinaus und bereiteten »Help!« vor, neben der Platte würde der Film im Juli 1965 Weltpremiere feiern. Eine Welt freilich, die den Einzugsbereich eines volkseigenen Filmverleihs von vornherein ausschloß, so daß der Südvorstädter auf Geheiß kultureller Zuteilung mit den »Kreuzrittern« erst im Mittelalter angelangt war.

Mit dem »Tiger der sieben Meere« erreichte er am 16. Dezember 1967 immerhin schon das 18. Jahrhundert. Sein Held aus den »Musketieren«, Gérard Barray, spielte den Piraten Robert Surcouf. Das verlangte nach einem zweiten Teil. Prompt brach noch der »Donner über dem indischen Ozean« in die Kinos ein. Auch Karl May kannte den Piraten Surcouf, siehe »Der Kaperkapitän«, eine Erzählung aus »Halbblut«, Nummer 38 der grünen Bände. Daß allerdings Gérard Barray die Erzählung von Karl May gelesen hat, zweifelte sogar der Südvorstädter an. Ungesehen, weil nicht im Verleih, blieb Barray als Graf Alfonso Rodriganda in den Karl-May-Verfilmungen »Der Schatz der Azteken« und »Die Pyramide des Sonnengottes«. So tief in die »Waldröschen«-Kolportage von Karl May wollte der progressive VEB-Verleih dann doch nicht sinken. Auch nicht, wenn der Regisseur Robert Siodmak in Dresden geboren war.

Im Juni 1972 kamen die »Sonnenblumen« von Vittorio De Sica. Damit langte der Südvorstädter im 20. Jahrhundert an. Zweiter Weltkrieg. Einmal mehr durfte sich das Traumpaar Sophia Loren und Marcello Mastroianni den Werktätigen zeigen. Das war kein Wunder, obwohl nicht die ruhmreiche Rote Armee im Mittelpunkt stand. Die »Sonnenblumen« waren eine Gemeinschaftsproduktion mit »Mosfilm«. Szenen wurden in Moskau gedreht und Ljudmila Saweljewa, bekannt aus »Krieg und Frieden«, stand auf der Besetzungsliste, immerhin eine Trägerin des Titels »Volkskünstlerin«. Da kam Progress nicht dran vorbei. Außerdem galt De Sica als beinahe links, seit er sich in seinen Klassikern »Schuhputzer« und »Fahrraddiebe« den Problemen des italienischen Proletariats gewidmet

hatte. Da durften es schon auch mal »Liebe, Brot und 1000 Küsse«, »Hochzeit auf Italienisch« und sogar »Gestern, heute und morgen« sein. In einer Episode spielte die Loren ein »Callgirl«, weswegen P 18 angesagt war. Ich schlich mich rein, als ich kaum 16 war. Soviel ich weiß, hat es nicht geschadet. Ich konnte mir auch hinterher nicht richtig vorstellen, was ein »Callgirl« ist. Einmal trug die Loren einen Strapsgürtel. Angemacht hat mich das nicht. Fast tat sie mir leid. Das Teil erinnerte mich unangenehm an den Strumpfhalter, der noch bis zur Schuleinführung meine langen Strümpfe unter der kurzen Hose oben gehalten hatte. Das freilich war kein Thema in De Sicas »Sonnenblumen«.

Es war nicht alles schlecht. Ab und an wurden sogar französische Originaltitel verwendet. Wohl kaum, um ein frankophiles Gefühl unter die Leute zu streuen. Vermutlich durfte aus rechtlichen Gründen nicht an den Titeln herumgebastelt werden. »Beau Masque« zum Beispiel oder »L'Attentat«. Am 27. Februar 1975 gab es im Großenhainer »Salut l'Artiste« von Yves Robert. Wieder mit Mastroianni, hier als Kleindarsteller, der zwischen Aufträgen und Frauen hin und her hetzt. Beeindruckend, wie der berühmte Mastroianni täuschend echt einen erfolglosen Schauspieler zum Leben erweckte, der nur in Nebenrollen und Nebenproduktionen agiert. Nach der Vorstellung, als das Licht im Saal vom Großenhainer wieder anging, und etwa ein Dutzend Zuschauer, mehr waren es nicht, zum Ausgang lief, saß ziemlich weit vorn ein alter Mann, der keine Anstalten machte, aufzustehen. Er war nicht scharf auf den Film gewesen, hatte es nur bißchen warm haben, nicht allein sein wollen und war eingeschlafen. Selten hat die Erfolglosigkeit eines Mittelmäßigen, wie ihn Mastroianni als Kleindarsteller verkörperte, so erfolgreich Wirkung gezeitigt und zugleich seine Entsprechung im Schlaf des alten Mannes gefunden.

Astoria-Lichtspiele
Leipziger Straße 58

Fast kam ich mir vor wie beim Sammeln von Altstoffen zu Pionierzeiten. Damals hieß es, monatlich von Haus zu Haus zu ziehen, an den Wohnungstüren zu klingen, nach Altpapier, Gläsern und Flaschen zu fragen, das Eingesammelte zum »Lumpenhändler« zu bringen, damit die Pioniergruppe mit dem Gelderlös einen Pioniernachmittag finanzieren oder irgendeine Solidaritätsaktion unterstützen konnte. Jetzt zog ich wöchentlich aus, um Kultur zu sammeln. Nicht nur zog ich von Kino zu Kino, sondern es zog mich auch zu den Schauspielbühnen, zur Operette, zum Kongreßsaal, zu Philharmonie und Staatskapelle, zu Chor und Orgel der Kreuzkirche, zu den Museen.

Ich könnte nicht einmal sagen, wieso sich der Südvorstädter Junge in die geradezu zwanghafte Situation manövrierte, binnen kurzem nachzuholen, was Familie und Schule ihm schuldig geblieben waren. Es war ein Sich-Sammeln in kulturellen Grundmustern, um in egoistischer Weise solidarisch mit sich selbst zu sein, um einzuheimsen, sich einzuverleiben, was sonst zwischen häuslichen Pflichten und Hausaufgaben, zwischen Geschichte der Arbeiterklasse und FDJ-Schuljahren auf der Strecke zu bleiben drohte. Zum Reflektieren des Gesehenen und Gehörten blieb wenig Zeit. Es war ein erstes Abtasten, ein Austesten des eigenen Geschmacks. Jahrelang wurde abgearbeitet, was im Angebot war. Akribisch wurde darüber Buch geführt, in einem linierten Hermes-Schulheft jede kulturelle Konsumtat aufgelistet. Der Südvorstädter als eine Art kultureller Buchhalter. Ob »Freischütz« oder »Wilhelm Tell«, ob tschechoslowakischer Staatszirkus »Humberto« oder Sonne-und-Schnee-Konzert mit Herbert Roth, ob Bergfilmabend oder Brecht-

Abend, ob »Pferdediebe in Arkansas« oder »My Fair Lady«, ob »Schlager im Palast« oder »Lohengrin«, es kam alles in denselben Topf, der in diesem Fall mein eigener Kopf war. Aber Filme blieben in der Überzahl. Sie waren schneller zu haben und, was angesichts defizitärer Geldlage nicht zu verachten war, sie waren preiswerter.

In Nachbarschaft zum Faun-Palast waren die Astoria-Lichtspiele, kurz Astoria genannt, eine gute Adresse für den etwas besseren Filmgeschmack. Nicht selten, daß Filmreprisen auf dem Programm standen, was dem Nachholsüchtigen sehr gelegen kam. Das Astoria, Leipziger Ecke Moritzburger Straße, ähnelte eher einer Fabrik als einem Kino. Zugemauerte hohe Rundbogenfenster bestimmten die obere Etage. Nach unten hin gliederte die Fassade ein eingefaßter Sims, der einstmals vielleicht einer Reklameinschrift vorbehalten, bei meinen Kinogängen aber nichts als leere Hülle war. Unter den letzten beiden Rundbogenfenstern, gleichsam dem rechten Ende des Simses aufsitzend, hingen die sieben Leuchtbuchstaben »A-S-T-O-R-I-A«, von denen ich nicht sagen kann, wann sie jemals geleuchtet haben. Schließlich reihten sich zu ebener Erde als Schaukästen umfunktionierte Schaufenster aneinander, die für Filmwerbung genutzt wurden. Denen konnte zwar bei der Hinfälligkeit des Hauses eine dekorative Wirkung nicht abgesprochen werden, sie verfehlten aber jeglichen Sinn. Die meisten Passanten hüteten sich, dort stehenzubleiben, weil das Gebäude haarscharf an die Leipziger Straße grenzte, so daß nur ein schmaler Fußweg zwischen Hauswand und Fahrbahn blieb. Wenn eine Straßenbahn in landwärtiger Richtung angerumpelt kam, war man geneigt, entweder in die Moritzburger Straße oder ins Astoria zu flüchten. Letzteres soll, wie aus gut unterrichteten Statistikerkreisen zu erfahren ist, die Filmbesucherzahlen wesentlich angehoben haben. Das direkt an das Kino sich anschließende Nebenhaus war von der Straße etwas weiter zurückgesetzt, ein breiterer Fußweg entstand, und in der sich ergebenden Nische war der Kinoeingang. Bei großem Andrang an der Kasse klumpten sich die Kinogänger in der Nische gefährlich zusammen, bevor sie aus Selbsterhaltungstrieb wegen der Fahrbahnnähe eine Warteschlange bildeten. Von der Kasse ging es hinauf in die obere Etage. Der nicht zu ebener Erde liegende Saal brachte den Vorteil mit sich, daß die Seitentüren gelegentlich während laufender Vorstellung zwecks Frischluftzufuhr geöffnet werden konnten. Nach Abendvorstellungen allerdings geriet der seitliche Abstieg in den Gebäudehof mitunter etwas abenteuerlich. Noch geblendet von den letzten Filmbildern, tastete man sich über eine Art Feuerleiter in die Nacht hinaus, die entweder nach der nahen Elbe oder, wenn am jenseitigen Flußufer das Tierkrematorium des Schlachthofs im Großen Gehege aktiv war, nach verbranntem Fleisch roch.

Ich startete meine Astoria-Besuche am 2. Januar 1966. Passend zum Winter wurde »Sieg auf dem K2« gezeigt, eine elf Jahre alte italienische Dokumentation über die Besteigung des zweithöchsten Berges der Welt. Vermutlich war es ein Familiennachmittag, denn der 2. Januar fiel auf einen Sonntag und Vater war bekennender Bergfreund. Zu seiner Angewohnheit gehörte es, einem Gegenüber wenn nicht den Bergmannsgruß »Glück auf!« dann aber wenigstens den Bergsteigerruf »Berg frei!« entgegenzuschmettern. Was mir wohl auf ewige Zeit in den Ohren nachklingen wird, ebenso wie Vaters Lieblingslied: »Zieh mit mir hinaus, in die Berge meiner Heimat, / Zieh mit mir hinaus, wo die Welt am schönsten ist, / Dort findst du das Glück, wenn in Kampf und in Gefahren,/du ganz sicher weißt, daß du nicht alleine bist.« Immer wieder fiel dieses Lied mit einer behaglichen Peinlichkeit zusammen, der ich mich niemals ganz zu entziehen vermochte. Jedenfalls genügten diese etwas diffusen Bergsentimentalitäten als Voraussetzung dafür, daß sich Vater und Sohn den »K2«-Film nicht entgehen ließen. Was den Moralverleih veranlaßt hatte, diesen Streifen ins Rennen zu schicken, bleibt Spekulation. Gezeigt wurde eine Welt, die uns auf immer verschlossen bleiben sollte. Nicht nur lag diese Welt außerhalb der Grenzen freundschaftlich verbrüderter Länder, sondern diese Welt bestand aus nichts anderem als Eis und Schnee. Wurde der Film für uns deshalb als unverfänglich eingestuft, weil vermutet werden durfte, daß uns eine solch eisige Welt nicht erstrebenswert erscheinen würde? Gehörte der Film als Beigabe zu einem Paket von anderen Filmen? Waren die Bergsteiger oder die Filmemacher Mitglieder der Italienischen Kommunistischen Partei? »Sieg auf dem K2« war mit dem Altersprädikat P 6 bedacht worden. Vermutlich gab es auch ein Unverfänglichkeitsprädikat, über das niemand sprach, das nirgendwo angezeigt war, das in seinen abstrusen Regularien kein Kinogänger zu klassifizieren wußte. Natürlich stellte ich mir damals solche Fragen nicht. Eine Gruppe von Bergsteigern bezwang »in Kampf und in Gefahren« einen Achttausender. Mehr war es nicht. Gut möglich, daß Vater und Sohn bei der Straßenbahnrückfahrt aus der Leipziger in die Südvorstadt »Zieh mit mir hinaus, in die Berge meiner Heimat« vor sich hin summten, auch wenn ihre Heimat andere Berge bereithielt, als es ein Brocken wie der K2 vorstellte.

Kurz darauf begann meine Shakespeare-Periode. Das Astoria zeigte »Hamlet«. Nicht den Asta-Nielsen-Hamlet von 1920, nicht Laurence Oliviers berühmt gewordene Variante aus dem Jahr 1948, sondern den »sowjetischen Cinemascope-Film« in Schwarzweiß von Grigori Kosinzew, Musik Schostakowitsch, Originaltitel »Gamlet«, Lenfilm-Studio 1964, 155 Minuten. Ich hatte antiquarisch einige Reclam-Hefte mit den gängigsten Shakespeare-Dramen erstanden, wußte also im voraus von »Sein oder nicht sein«, das dann am 20. Januar 1966 prompt als Frage aller Fragen auf mich einstürmte. Reihe 4, Sitz 9. Das Programmheft ließ aus einer »Erklärung des Shakespeare-Komitees der DDR« verlauten, »mit dem Streben seiner Gestalten nach Erkenntnis und Entscheidung für sinnvolles Handeln erfaßt Shakespeare wichtige Elemente der bürgerlichen Persönlichkeits- und Humanitätsvorstellung«. Obwohl der Begleittext auch noch Friedrich Engels, die gesprengten »Fesseln des Mittelalters« und die »Entwicklung der Produktivkräfte« bemühte, konnte ich der Tragödie unbeschadet folgen. »Lenfilm« ließ seinen Namenspatron im Mausoleum ruhen, keine Filmdirektive neuen Typs erreichte Schloß Helsingör. Ich bewunderte un-

PROGRESS
film
PROGRAMM
1/65

HAMLET

eingeschränkt, mit welcher Hingabe der Regisseur alles daran gesetzt hatte, nichts russisch aussehen zu lassen. Vor allem Innokenti Smoktunowski als Hamlet und Anastasja Wertinskaja als Ophelia sahen nicht russisch aus, vielleicht auch nicht sehr dänisch, eigentlich aber hatte ich von Ethnologie sowieso keine Ahnung. Russen kannte ich nur als Uniformträger, Dänemarks Olsenbande war noch nicht gestartet und die infantile Verballhornung »dän ne Mark und dän ne Mark« sei außer acht gelassen. Ich konnte also nicht wissen, ob etwas faul ist im Staate Dänemark. Doch obwohl ich in einer Nachmittagsvorstellung saß, witterte ich Morgenluft. Das Figurensterben packte mich. Zuerst stirbt Hamlets Vater. Dann stirbt Güldenstern vor Rosenkranz. Ophelia geht ins Wasser und stirbt. Laertes ficht mit Hamlet und stirbt. Die Königin trinkt vergifteten Wein und stirbt. Der König wird von Hamlet gestochen und stirbt. Von einem vergifteten Degen geritzt, stirbt Hamlet zuletzt. »Der Rest ist Schweigen.«

Vielleicht erkannte ich erst jetzt, wie sehr jede Kunst vom Zitat lebt. Entweder wird etwas Altbewährtes zitiert oder etwas Zitiertes wird schon bald altbewährt. Muster wurden erkennbar. Es galt zu begreifen, daß nicht jedes neu erfundene Fahrrad ein Kunstereignis ist, daß es vielmehr darauf ankommt, mit einem alten Fahrrad kunstvoll zu fahren.

Schon zwei Wochen nach »Hamlet« konnte ich die Probe aufs Exempel machen, am 6. Februar 1966 saß ich in »Othello«. Kein »Lenfilm«, sondern ein »Mosfilm« von 1955. Nicht Regisseur Kosinzew, sondern Jutkewitsch. Nicht Schostakowitsch komponierte die Filmmusik, sondern Aram Chatschaturjan. Nicht schwarzweiß, sondern bunt. Der Moralverleih hatte guten Grund, den Film nicht unter dem Titel »Der Mohr von Venedig« auf die sauberen Leinwände projizieren zu lassen, denn der Hauptdarsteller Sergej Bondartschuk sah sehr russisch aus. Die Zuschauer warteten regelrecht darauf, daß dem jähzornigen Othello die Mohrenfarbe vom Bondartschukgesicht fließt. Seit dem Film »Serjoscha« und mehr noch seit »Ein Menschenschicksal« galt Bondartschuk als die Verkörperung des Russischen schlechthin. Bondartschuk kannte ich bisher nur als Uniformträger, Schillers »Fiesco« mit des Mohren getaner Schuldigkeit stand mir noch bevor und die fragwürdigen Struwwelpeter-Verse »Es ging spazieren vor dem Tor/ein kohlpechrabenschwarzer Mohr« lagen schon ein paar Jahre zurück. Der junge Rodrigo wird von Jago gemeuchelt und stirbt. Jago metzelt seine Ehefrau Emilia, die stirbt. Wegen eines Taschentuchs drosselt und sticht Othello seine Desdemona, die stirbt. Othello fällt in den eigenen Dolch und stirbt. Ob auch Intrigant Jago stirbt, sei dahingestellt. »Othellos Tagwerk ist getan.« Erst als wir in der 11. Klasse mehrfach den Probenarbeiten zu Schillers »Fiesco« am Schauspiel beiwohnen konnten, den Schiller-Text immer wieder und noch einmal zu hören bekamen, schwante mir, daß mit dem zum geflügelten Wort gewordenen Ausspruch: »Der Mohr hat seine Arbeit getan, der Mohr kann gehen« unser Nationaldichter Shakespeares Othello seine Reverenz erweist. Zu behaupten, der Satz von Jago: »Ich bin nicht, was ich bin«, hätte mich an Rimbauds Vers »Ich ist ein anderer« denken lassen, wäre dann doch übertrieben. Und was sagt Shakespeare dazu? »Aufrichtig sein und ehrlich bringt Gefahr.«

Im Jahr darauf gab das Astoria am 25. November »Macbeth«, einen englischen Film aus dem Jahr 1960. Plötzlich vermißte ich die Arbeiten von Len- und Mosfilm, ihre Werktreue, ja wirklich, das wußte ich, las ich doch die Dramen bei Reclam nach. Vielleicht vermißte ich sogar ihre tiefgründige Kunstfertigkeit, die auch Künstlichkeit in Kauf nahm, von der ich damals wohl annahm, daß sie gleichbedeutend mit Langeweile sei. Dagegen boten die Engländer ein blutrünstiges Drama, über das ich damals wohl dachte, daß es spannend sei, zu sehen, wie Lady Macbeth vom Wahnsinn umnebelt versucht, das an ihren Händen klebende Blut abzuwaschen. Der Text mag weitgehend gestimmt haben. Aber sahen die Bilder nach Shakespeare aus? Erst 1972 kam mit »König Lear« wieder eine grandiose Shakespeare-Adaption von Kosinzew in die Kinos. Damals begann meine Voreingenommenheit gegenüber Filmen vom »Großen Bruder« allmählich wegzuschmelzen. Selbst die

PROGRESS
Film
PROGRAMM
109/63
MACBETH

alljährlich stattfindenden »Tage des sowjetischen Films« hielten immer wieder cineastische Überraschungen bereit. Bevor Regisseure wie Elem Klimow, die Michalkow-Brüder, Wassili Schukschin oder Andrej Tarkowski zu Kult-Regisseuren ernannt wurden, gab es ihre Filme vor unserer Haustür zu sehen.

Die 1960er Jahre gingen für mich im Astoria am 15. November 1969 mit dem schwedischen Film »Elvira Madigan« zu Ende. Eine tragische Liebesgeschichte, wie sie im Sommer 1889 wirklich passiert sein soll, von Bo Widerberg impressionistisch in Szene gesetzt. Der verheiratete Dragonerleutnant Sixten Sparre verliebt sich in die Seiltänzerin Elvira Madigan. Er desertiert aus Ehe und Armee, sie verläßt den Zirkus, beide wollen nur sich gehören. Als ihnen nach einem Monat das Geld ausgeht, sie von Hunger und Polizei verfolgt werden, sie die Zukunftslosigkeit ihrer Liebe erkennen, erschießt Sixten erst Elvira, dann sich selbst.

Nach meiner Shakespeare-Periode wußte ich mit dem ebenso zwangsläufigen wie zwanghaften Tod von Hauptfiguren umzugehen. Aber hatten mich beim alten Engländer vor allem Gruseln und Grausen gepackt, wurde ich von dem jungen Schweden zu Tränen gerührt. Obwohl ich zwei Monate zuvor in die Volljährigkeit aufgerückt und mir mannhaftes Benehmen von jeweils Berechtigten gewünscht worden war, schämte ich mich der Tränen überhaupt nicht. Meine Schamlosigkeit mag sich vordergründig damit erklären lassen, daß ich an diesem 15. November wieder einmal allein ins Kino gegangen war, also fremd unter Fremden saß. Aber der Hauptgrund bestand wohl darin, daß ich schlicht und einfach mitgerissen wurde von etwas, das als der Beginn einer kleinen Massenhysterie bezeichnet werden konnte. Wurde schon hier und da geschluchzt, wenn im Verlauf des Films das Andante aus Mozarts Klavierkonzert Nr. 21, C-Dur, KV 467 erklang, gab es beim bitteren Ende kein Halten mehr. Das ganze Astoria löste sich in tränender Trauer auf. Mit dem Öffnen der Saalseitentüren ergoß sich eine wahre Sturzflut von Tränen hinaus in den Hof, von dort auf die Moritzburger Straße und weiter über die Leipziger Straße, immer weiter, bis sich die heißen Salzwasser mit dem trüben Süßwasser der Elbe vereinten. Fortan wurde mit jeder Vorstellung des Films das massenhafte Schluchzen von einem langanhaltenden Beben begleitet, so daß um die alten Kinomauern gefürchtet werden mußte. Infolge dieses Phänomens wäre es sogar denkbar gewesen, wenn der »Bastler vom Berge«, Manfred von Ardenne, die Einführung einer nach oben offenen Madigan-Skala wissenschaftlich begründet hätte. Hatte ich mich bis vor kurzem noch bei Radioansagen von Kammer- oder Orchestermusik über die umständliche Namensgebung der Sätze und das »Köchelverzeichnis« lustig gemacht, war jetzt Schluß damit. Nach »Elvira Madigan« gab es für mich weder bei Allegro, Andante, Adagio noch beim »Köchelverzeichnis« irgendetwas zu lachen. Auch hörte es damit auf, daß ich bei »opus« an unseren guten alten Dresdner O-Bus denken mußte. Das von Mozart für die »Madigan« komponierte Andante machte ihn und sein Klavierkonzert zum Hit. Plötzlich war E-Musik massentauglich. Seither geht es Mozart ähnlich wie McCartney. Wurde letzterer in seinem Namen als Filmkomponist für »Honigmond« mit dem Zusatz »Beatle« bedacht, gibt es nur wenige Veröffentlichungen von Mozarts Klavierkonzert Nr. 21, bei denen der Hinweis auf »Elvira Madigan« fehlt.

Bevor das Astoria Mitte der 1970er am Ende war und vom Kino zur Probebühne des Schauspiels konvertierte, gab es für mich, der ich von der Penne zur Uni übergetreten war, noch viel zu sehen. Das Astoria wurde seinem neuen Titel »Filmkunsttheater« voll und ganz gerecht. Gerade weil der Saal ohne Plüsch und mit mäßiger Vorführtechnik auskam, erlangte er binnen kurzem einen Sonderstatus. Seine geradezu spartanische, beinahe auch abweisende, eigentlich gar nicht vorhandene Ausstattung ließ die in ihm gezeigten Filme in einem besonderen Glanz erscheinen. Es gab keine Ablenkung. Es gab den Film, sonst nichts. »Zwischen Feuer und Asche« von Wajda, »Julia und die Geister« von Fellini, »Sonnenfinsternis« von Antonioni waren Höhepunkte.

Aber auch kleinere Filme sorgten für Aufregung. Erinnert sich noch einer an den finnischen Film »Heiße Katze?« Originaltitel »Kuuma Kissa?« Gesehen am 28. Januar 1972? Schon das Fragezeichen im Titel war interessant. Erzählt wird die ewig neue Geschichte von einer Lehrerin, die sich in einen der Schule verwiesenen Schüler verliebt. Damals dachte er bei »heiße Katze« nicht an »läufige Katze«, gleich gar nicht brachte er die Lehrerin damit in Verbindung, obwohl einige Szenen prickelnd waren. Nur 76 Minuten Laufzeit, ein Quickie sozusagen. Weniger prickelnd die Lektüre des Begleittextes. Da war die Rede davon, daß Frustration ein Thema des Films und »ein vielstrapaziertes Wort in der zeitgenössischen bürgerlichen Welt« sei. Als wären wir in der schönen neuen, anti-bürgerlichen Welt niemals frustriert gewesen. Allein schon diese Art von Text verursachte Frust.

Und wer hat wie der Südvorstädter Student am 21. April 1972 »Lokis« gesehen? Ein polnischer Film nach der Novelle Prosper Mérimées, von dem ein Filmkritiker meinte, er müsse zuerst klären, daß wir zu solch einem Film »Gruselfilm« sagen, während die Engländer es »Horrorfilm« nennen, um schließlich nicht unerwähnt zu lassen, dieser Stoff sei schon einmal 1925 von der Sowjetunion verfilmt worden, und am Szenarium habe der »bekannte Volkskommissar für Aufklärung und Kampfgefährte Lenins, Anatoli Lunatscharski« mitgearbeitet. Nicht die Kritiker waren zu bedauern, sondern wir, die wir zwar ihre Ergüsse, aber nie ihre dabei vollführten Verrenkungen zu Gesicht bekamen.

In einer der letzten, als Filmklubabend getarnten Vorstellungen sah ich am 18. Juli 1972 »Die sieben Samurai«. Der Film von Akira Kurosawa aus dem Jahr 1954, der bis dahin in keinem DDR-Kino gezeigt worden war, jetzt endlich im Astoria! Das war nicht nur der i-Punkt auf die Astoria-Zeit und für alle Cineasten eine kleine Sensation, sondern auch eine späte Genugtuung für diejenigen, zu denen leider auch ich mich rechnen mußte, die 1963 den Western »Die glorreichen Sieben« verpaßt hatten. Damals preßte nicht nur das staatliche Unterhaltungslabel AMIGA eine erste und für lange Zeit letzte Beatles-Platte auf streng limitiertes Staatsvinyl, auch der staatliche Filmverleih ließ sich nicht lumpen und preßte einen allerersten Hollywood-Western in seine Moralkinos. Was er dabei übersehen hatte, war das Publikum. In Massen stürmte es die Säle, wollte nach Marika-Rökk-Tanzfilmen, Stillem-Don-Schinken und

Mantel-und-Degen-Abenteuern schließlich auch einen Western sehen. Beim Ansturm sollen Glasscheiben und Mobiliar zu Bruch gegangen sein. Kinokartenverkäufer wurden derart bedrängt, daß sie um ihr Leben gefürchtet haben sollen. Die allzeit überwachen staatlichen Moralapostel sollen den »glorreichen« Film als unmoralisch und zutiefst verabscheuungswürdig gegeißelt haben. Der Verleih soll von den Allerweisesten aus Partei und Regierung gemaßregelt worden sein. Die Folge war, daß schon nach allerkürzester Zeit der allererste Western aus den DDR-Kinos abgezogen wurde. Zwei Jahre später, 1965, der ärgste Pulverdampf hatte sich verzogen, gab es in Sachen Western einen zweiten Versuch. Der Klassiker »Zwölf Uhr mittags« platzierte sich nahezu unspektakulär in den Sälen. Ein nicht ganz ungeschickter Schachzug. Während 1963 die raubeinigen Helden Yul Brunner und Steve McQueen für Aufruhr gesorgt hatten, beruhigten sich die Gemüter wieder mit dem bedächtig melancholischen Gary Cooper.

Natürlich wußte jeder, der am 18. Juli »Die sieben Samurai« sah, daß der Kurosawa-Film den Produzenten und Autoren von »Die glorreichen Sieben« als Vorlage gedient hatte. Aber es ging gar nicht so sehr darum, den einen als Ersatz für den anderen anzusehen, ostasiatische Schwertkämpfer gegen hollywoodkonforme Revolverhelden auszuspielen. Vielleicht war das Publikum zusammen mit dem Astoria längst über sich hinausgewachsen und stellte inzwischen Filmkunst über den Schaueffekt? Jener 18. Juli 1972 war ein heißer Sommertag, der in einen schwülen Dienstagabend überging. Im ausverkauften Astoria stand die Luft. Bei der großen Regenszene wären wir am liebsten in die Leinwand gesprungen. Bevor es die ersten Ohnmachten gab, hatten die Astoria-Bediensteten ein Einsehen und öffneten die Seitentüren des Saales. Wenige Minuten erst waren die Türen offen, als sich über Dresden ein Gewitter entlud. Während die Samurai auf der Leinwand noch immer durch den Regen hetzten und durch schlammige Pfützen stapften, brach sich der donnernde Guß vor den offenen Türen Bahn in die engen Kinostuhlreihen. Inszenierte Realität wurde spielend zu reeller Inszenierung. Der Regen im Film und der Regen in der Stadt fielen ineinander. Fast übertönte das Rauschen und Trommeln des Regengusses in der Moritzburger Straße das Plätschern und Strömen in den Saallautsprechern. Die Filmwirklichkeit überlagert mit Lebenswirklichkeit, ein seltenes Ereignis ganz ohne Spezialeffekte. Daß bald danach für das Astoria dieser Zusammenhang für immer auseinanderbrechen würde, ahnte nach dem langen Filmabend im Juli 1972 niemand.

Oberschule Süd
Kantstraße 2

In die Schule gehen, ohne zur Schule gehen zu müssen. Ein seltenes Ereignis. Nicht so im Dresdner Süden, damals, als alles im Fluß war. Dort konnte, wer wollte, jeden Samstag in die Schule gehen, ohne daß es ein Stundenplan vorschrieb. Aus Mangel an Filmtheatern im Süden der Stadt wurde nicht nur der Otto-Buchwitz-Saal der Technischen Universität, sondern auch die Aula der Oberschule Süd einmal wöchentlich zum Kino umgewidmet. Filmtheater Kantstraße. Vielleicht ging damit kurzzeitig die Hoffnung einher, aus der Schule in der Kantstraße könnte, neben den Filmtheatern »Ost« und »West«, ein Filmtheater »Süd« werden. So kam es freilich nicht. Daß der Südvorstädter in dieser merkwürdigen Verknüpfung von Schule und Kino zuerst eine Paukeranstalt sah, war seiner zwar kleinen, aber vier Jahre älteren Schwester geschuldet. Sie mußte es wissen, weil sie dort Schülerin war.

Am 8. Januar 1966 besuchte ich das erste Mal die Süd-Aula. Aber an jenem Samstagnachmittag ging ich nicht einfach so ins Kino, sondern ich schritt. Denn alles kam mir groß und wunderbar vor. Die geschwungene Vortreppe, welche von der Kantstraße zur breiten Freitreppe hinaufführte, das große Portal, hinter dem eine weitere Treppe den Aufsteigenden zum Hochparterre geleitete, und die Schulhaustreppe, die sich in halber Höhe zweigeteilt zurückwandte, um schließlich in der ersten Etage die Aula zu erreichen. Was die Großartigkeit beinahe in sich zusammenstürzen ließ, war seitlich der Aulatür ein Tisch mit Sprelacartplatte. Ein zur Barriere aufgebauter Fremdkörper, so stand der Tisch in diesem weiten, vor Altehrwürdigkeit raunenden Schulgang. Aber das romantische Geraune, das ich anfänglich zu hören meinte, machte der Tisch zunichte und mahnte als Blickfang stumpfsinnige Nüchternheit an. In seiner glatten Sprelacartfläche spiegelten sich eine schwergewichtige, grüne Stahlkassette, ein überdimensionaler Schlüsselbund sowie eine Eintrittskartenrolle. Insignien des Hausmeisters, der unübersehbar die Hauptrolle im Vorprogramm innehatte, hinter dem Tisch thronte und Bedeutsamkeit ausstellte. Wahrscheinlich hätte er auch liebend gern im Hauptprogramm eine Rolle gespielt, denn es war ihm anzumerken, daß er wußte, wie schnell er bei den Kinobesuchern vergessen sein würde, wenn erst der Hauptfilm lief. Im verblichenen Arbeitskittel saß er hinter dem Tisch und sagte mürrisch den Preis für die Eintrittskarte an, übelnehmerisch riß er die Karte von der vor ihm liegenden Rolle ab, ärgerlich warf er das empfangene Geld in die grüne Stahlkassette, ungeduldig klapperte er mit dem Schlüsselbund. Vorbelastet von väterlicher Hausmeisterfigur prägte sich mir schon bei meinem ersten Besuch im Kino Kantstraße der Schul-Hausmeister ein. Später, als auch ich dort Schüler war und wir beim Betreten des Schulhauses täglich an seinem Zimmer vorbeigehen mußten, vor dem er stand und die Schlüssel schwenkte, wurde aus der Respektsperson, die er sein wollte, schnell ein Hampelmann, der von uns den Namen »Knilch« verpaßt bekam und dem wir so manchen Streich spielten. Überhaupt stufte der Schulalltag die Großartigkeit von Treppen und Gängen schnell auf Normalformat zurück. Wenn es zur nächsten Russischstunde ging, in der eine Leistungskontrolle zu befürchten war, wenn wir zum Lehrerzimmer bestellt waren und nicht wußten, was uns dort erwartete, oder wenn wir zur großen Pause verbotenerweise über den Hof hinaus zum Hohen Stein gingen, um dort eine Zigarette zu rauchen, dann hatten wir nicht unbedingt die Großartigkeit unseres Daseins im Sinn. Und die Aula? Sie bleibt wegen der Schulchorproben in melancholisch überzuckerter Erinnerung, bei denen ich als zweiter Bass in der hintersten Reihe stand, während die Musiklehrerin, eine altjüngferliche Frau Doktor, bemüht war, das Sächsische von den sangesfreudigen Zungen zu vertreiben. Ansonsten schrumpfte die Aula zu einem Treffpunkt

agitatorischer Feierstunden, die in ihrer gewollt pathetischen Erhabenheit etwas Kleinkariertes hatten.

Bei meinem ersten Kinobesuch in der »Süd« aber, als alles noch im Fluß war, ließ ich mich von Treppen, Gängen und Aula beeindrucken. Was ich beim besten Willen nicht mehr weiß, weshalb ich mir an diesem Januarsamstag 1966 den USA-Film »Flipper« ansah. Gut, da war meine alte Vorliebe für bunte Tierfilme, und die lag noch nicht lange zurück. Aber das hier war nichts als einer von den kindischen Kinderfilmen, aus denen ich doch längst herausgewachsen sein wollte. Auch wenn »Metrocolor« starke Farben zum

for eyes only

(streng geheim)

Szenarium: Harry Thürk – nach einer Idee von Hans Lucke · Buch: Harry Thürk, Janos Veiczi · Kamera: Karl Plintzner · Szenenbild: Alfred Drosdek · Bauausführung: Franz Fürst, Walter Vargel · Kostüme: Gerhard Kaddatz · Masken: Otto Banse, Monika Lüscher, Heinz Bernhardt · Ton: Georg Gutschmidt, Hans Joachim Kreinbrink, Horst Mathuschek · Schnitt: Christel Ehrlich · Kamera-Assistenz: Günter Heimann, Karl-Heinz Bagemihl, Kurt Schütt · Regie-Assistenz: Eleonore Dressel · Dramaturg: Heinz Hafke · Außenrequisiteur: Herbert Rother · Oberbeleuchter: Wolfgang Kirbst · Aufnahmeleitung: Manfred Peetz · Musik: Günter Hauk Es spielen: Mitglieder des DEFA-Sinfonieorchesters, Dirigent: Karl Ernst Sasse · Produktionsleitung: Siegfried Kabitzke

REGIE: JANOS VEICZI

Rollen:	Darsteller:
Hansen	Alfred Müller
MID-Major Collins	Helmut Schreiber
Frantisek	Ivan Palec
MID-Colonel Rock	Hans Lucke
Schuck	Werner Lierck
Oberst im MfS	Martin Flörchinger
Hartmann	Peter Marx
MID-General	Georg Gudzent
Hella	Christine Laszar
Liz	Ingrid Ohlenschläger
Adelheid	Marion van de Kamp
Peggy	Eva-Maria Hagen
Gisela	Renate Geissler
MID-Beobachter	Fred Ludwig
MID-Offizier	Hans Dieter Schlegel
Major im MfS	Horst Schönemann
Leutnant im MfS	Eberhard Esche
Charly	Gerd E. Schäfer
Max	Rolf Herricht
Manfred	Norbert Flohr
„Glasauge"	Hans Köcke
MID-Agent	Horst Rienitz
Bärtiger	Peter Friedrich
Portier	Fredy Barten
Trainer	Ralph Boettner
Förster	Maximilian Larsen
MP-Offizier	Achim Schmidtchen
Sprecher	Gerry Wolff

In weiteren Rollen: Perry Friedman, Victor Grossman, Billy Mullis, Heinz Hellmich, Ingolf Gorges, Egon Günther, Hans Bussenius, Hans Sievers, Werner Senftleben, Fredegar Runkel, Dieter Perlwitz, Hans Hardt-Hardtloff, Harald Warmbrunn, Barbara Steinert, Paul Halatsch, Rolf Heider, Axel Dietrich, Jochen Diestelmann, Georg Dücker, Eva Müller, Ewald Forchner u. a.

Ein DEFA-Film der Künstlerischen Arbeitsgruppe „Solidarität" in Totalvision

Verleih: VEB Progress Film-Vertrieb

Gegen Voreinsendung des Rückportos und des Rechnungsbetrages erhalten Sie die gewünschten Filmprogramme, soweit sie noch vorhanden sind, über das Filmtheater „Casino", Leipzig C 1, Neumarkt. Ferner haben Sie auch die Möglichkeit, ältere Filmprogramme bei Ihrem Filmtheater oder Ihrer Spielstelle zu kaufen. Regelmäßig können Sie unsere Programmhefte im Postabonnement zu einem Vierteljahrespreis von 3,20 DM beziehen. Progress-Starfotos sind in Ihrem Filmtheater oder in den einschlägigen Fachhandelsgeschäften zum Preise von 0,20 DM pro Foto erhältlich.

Verkaufspreis 0,10 DM
Herausgegeben vom VEB Progress Film-Vertrieb, Berlin W 8, Werderscher Markt 2–4, Ruf: 20 06 71
Das Redaktionskollegium:
Hans Kurzinsky, Presse- und Werbeleiter;
Günther Wulff, Chefredakteur;
Werner Rouvel, Künstl.-techn. Leiter
Druck: Berliner Druckerei, Dresdener Straße · Ag 214/

Einsatz brachte, blieben die Charaktere schwarzweiß. Der Delphin »Flipper« war der Gute, die Bösen waren die Haie. Das merkte sogar ich, der ich noch Grund-, nicht Oberschüler war. Süßlich agierte der Junge Sandy Ricks, sein Vater gab das Raubein, und Delphin Flipper war der bessere Mensch. Es konnte nur eine Frage der Zeit sein, wann Flipper als Präsidentenberater ins Weiße Haus einziehen wird. Aber dieses Ende verweigerte uns der Film. Wer weiß, vielleicht demnächst in einem ganz anderen Theater?

Was die Aula schuldig blieb, einen Vorhang, der würdevoll zur Seite schwenkte, um die Leinwand freizugeben, und einen Dreiklanggong, der den Filmbeginn einläutete. Statt dessen schepperte vom Gang her gelegentlich die Pausenklingel, die der Hausmeister vergessen hatte abzustellen. Oder ließ sie sich gar nicht abstellen? Es war, als wollte die Klingel wieder und wieder auf die Verhältnismäßigkeit der Zeit verweisen. Gemessen an der mitunter unerträglichen Schulstundendehnung kam mir eine Filmstunde kurz vor, kaum, daß die im Kinodunkel zugebrachte Lebenszeit bemerkbar war. Wie oft sich dagegen der Gedanke aufdrängte, die meiste Zeit, die ich in diversen Schulbänken verbrachte, sei verloren.

Verloren auch Geschichten, wie sie ein DEFA-Film aus dem Jahr 1963 erzählte. Hinter dem Filmtitel »For Eyes Only« war in Klammern vermerkt »(Streng geheim!)«, was sich wie die eilige Zurücknahme des unüblichen und verpönten Anglizismus las. Das Drehbuch hatte Harry Thürk geliefert, der mit seinen Büchern hohe Auflagen erzielte und als sozialistische Antwort auf Johannes Mario Simmel galt. Regie führte János Veiczi. Vier Jahre nach der Premiere lief der Film immer noch, so daß ich am 14. März 1967 in der »Süd« den Schauspieler Alfred Müller an der unsichtbaren Front sehen konnte. Als Spion Hansen fischte er im Auftrag der Staatssicherheit nach streng geheimen Unterlagen bei der in Würzburg stationierten US-Armee. Sein Gegenspieler, Helmut Schreiber als Major Collins, testet Hansen mit einem Lügendetektor. Hansen besteht den Test heldenhaft. Damals hörte ich das erste Mal von solch einem Gerät. Wahrscheinlich glaubte ich sogar noch an die Moral von der (deutschen) Geschicht(e), die der Film zur Legende zementierte: Die Lügen standen immer auf der anderen Seite der Geschichte, während wir auf der richtigen Seite zu Hause waren. Deshalb mußte ein DDR-Spion zu jeder Zeit sämtlichen Detektoren der Welt haushoch überlegen sein. Sozusagen »ideologische Diversion« andersherum. Nicht die »Bonner Ultras« versuchten uns die Köpfe zu verdrehen, sondern Drehbücher wie diese drehten unmerklich in uns an etwas herum. Vor den Sommerferien übernahm das Drehen nach selbstgefertigtem Drehbuch regelmäßig der Staatsbürgerkundelehrer, der dann zum Gaudi der ganzen Klasse »Die Gedanken sind frei« sang, wozu er sich auf der Klampfe begleitete.

Ohne Film in Prag

Bevor 1966 die 8. Klasse zu Ende ging, wurde uns Schülern noch eine Klassenfahrt beschert. Schulfrei, Luftveränderung, Auslüften. Das Übliche wären Kissenschlachten und Kleinkaliberschießen im Landheim oder ein Aufenthalt in der Jugendherberge auf dem Ettersberg gewesen. Aber unsere Schule hatte sich etwas Besonderes einfallen lassen, hieß es doch, wir würden mit Prager Schülern ausgetauscht werden. Rosige Aussichten. Unsere Zeigefinger sollten nicht nur sehnsüchtig wie sonst über eine Landkarte rutschen, sondern die Prager würden zu uns kommen und, was erwartungsgemäß viel verheißungsvoller war, wir würden nach Prag fahren.

Zuerst verteilte der Klassenlehrer tschechische Mädchennamen an Mädchen, tschechische Jungsnamen an Jungs. Ohne Rest und ohne Geschlechterverwicklung ging das Namensspiel auf. Wenigstens sagt mir das meine Erinnerung. Was sie mir nicht sagt, welcher Prager Junge mir zugeteilt wurde. Ob es ein Radek, ein Jiři oder ein Vlasta war, ich weiß es nicht mehr, und wo kein Name ist, ist auch kein Gesicht. Nach den Namen gab der Klassenlehrer die Adressen und eine erste Aufgabe aus. Es gelte jetzt, den Pragern zu schreiben, uns ihnen vorzustellen, welche Interessen, was für Hobbys, welche Lieblingsfächer; und der Lehrer mahnte an, freudige Erwartung in den Briefen zum Ausdruck zu bringen. Egal ob wir uns freuen oder nicht, dachten wohl die meisten. Aber ich freute mich ganz unverhohlen. Mit 14 würde ich zum ersten Mal über eine Grenze gehen, in ein anderes Land reisen, auch wenn das andere Land keine 50 Kilometer entfernt elbauf lag. Und wie sollen wir schreiben, Deutsch oder Russisch?, wurde gefragt. Da druckste der Lehrer ein bißchen herum, weil, mit dem Russischen haben es die tschechischen Freunde nicht so, sagte er, und überhaupt lernen dort die meisten Schüler Deutsch.

Zuerst kamen die Prager zu uns. Gemeinsame Schulstunden, gemeinsamer Besuch der Gedenkstätte am Münchner Platz, gemeinsame Dampferfahrt. So sehr die Lehrer auch die freundschaftliche Seite des Besuches betonten, die Prager blieben meistens unter sich, und wir auch. Was hätten wir uns auch zu sagen gehabt? Wenn das Gemeinschaftliche vorüber war, sorgten die Gastgeberfamilien für ein kulturelles Nebenprogramm. Wo aber gingen die Eltern mit uns hin, mit mir und Radek, Jiři, Vlasta, oder wie er geheißen haben mag? Wenn wir im Zirkus Busch waren, der am Fučik-Platz ein Gastspiel gab, dann bot es sich für Vater an, auf das Denkmal für den Prager Widerstandskämpfer Julius Fučik hinzuweisen: »Menschen, ich hatte euch lieb. Seid wachsam!« Mag sein, daß Radek, Jiři oder Vlasta nicht am Widerstand interessiert war, mit den Schultern zuckte und lächelte, weil er bei dem Namen Fučik an den Prager Komponisten dachte. Oder standen wir zusammen auf dem Rathausturm, gingen in den Zoo und drehten mit der Pioniereisenbahn eine Runde durch den Großen Garten? Nur Vermutungen, die kein Ganzes ergeben.

Ein paar Wochen später fuhren wir nach Prag. Gemeinsame Schulstunden, gemeinsame Spaziergänge zum Hradschin und durchs Goldmachergässchen. Gemeinsamer Besuch der »Laterna magika«. Die Klassenbesten werden vermutlich dieses Wort aus dem Physikunterricht parat gehabt haben, denn das optische Gerät müßte dort aufgetreten sein. Hier ging es aber um einen ganz anderen Auftritt. Die Prager »Zauberlaterne« sorgte für eine Vermischung von Theater und Kino, und wenigstens was das Kino betraf, fühlte ich mich den Klassenersten überlegen. Immer wieder kamen Schauspieler aus dem Film heraus und spielten das Stück auf der Bühne an der Stelle weiter, an der sie die Leinwand gerade verlassen hatten. Häuser ragten von der Bühne in die Projektionsfläche hinein, imaginierte Gegenstände fielen krachend aus dem Film zurück in die Wirklichkeit, spielend verrutschte die Dreidimensionalität ins Zweidimensionale und andersherum. Ständig wurden wir dazu verführt, dem Ganzen eine vierte Dimension hinzuzudenken. Etwas Unerklärbares drehte sich im Kopf, drückte auf den Gleichgewichtssinn, sprang in die Augen, zog an den Haaren. Die »Zauberlaterne« versetzte uns in einen Rausch, wie es zu späteren Pragfahrten nur noch das Schwarzbier im »U Fleků« vermochte. Aber auch beim Austauschrückspiel blieben wir meistens unter uns und die Prager für sich, so sehr die Lehrer auch bemüht waren, die freundschaftliche Seite des Besuches zu betonen. Noch immer hatten wir uns wenig zu sagen. Jeden Tag gab mir die Mutter von Radek, Jiři oder Vlasta ein Brötchen mit auf den Weg, in das ein Schnitzel eingeklemmt war. »Wiener Schnitzel«, betonte sie jedes Mal, lächelte und strich mir die Haare aus der Stirn, was mir nicht unangenehm war. Passend zum Schnitzel bot mir die Radek-Jiři-Vlasta-Familie als besonderes Geschenk den Auftritt der Wiener Eisrevue. Es hieß, auch Kilius und Bäumler sollen auf dem Eis gewesen sein, aber ich erkannte sie nicht. Plötzlich wähnte ich mich zwei Stunden lang in Wien und ich glaubte, etwas Besseres hätte mir nicht widerfahren können. Aber ich sollte mich getäuscht haben. So blaß sich die Erinnerungen auch zeigen, was geblieben ist, ist das Wissen um die verpaßten Möglichkeiten. Als wir aus dem anderen Land wieder elbab nach Hause fuhren, während der Zug erst Ústí, dann Děčín passierte, erzählten sich die Klassenkameraden aufgekratzt, was sie Besonderes mit ihren Gastgeberfamilien erlebt hatten. Es gab nicht wenige, die vorgaben, im Kino gewesen zu sein und einen westdeutschen »Winnetou«-Film mit Pierre Brice und Lex Barker gesehen zu haben. Andere prahlten sogar mit den Beatles-Filmen »Yeah! Yeah! Yeah!« und »Hi Hi Hilfe!«. Da wußte ich, was mir durch die Lappen gegangen war, und ich hütete mich, mit einem einzigen Wort die »Wiener Eisrevue« zu erwähnen.

Schauburg II
Otto-Buchwitz-Straße 55

Das Jahr 1966 brachte einige Neuerungen. Endlich durchbrach ich die P-14-Schallmauer, was hieß, mir eröffneten sich im Kino neue Möglichkeiten. Mit dem befreienden Blick auf das Prädikatsalter legte ich leichten Herzens das Gelöbnis ab, fortan ein überzeugter Erwachsener sein zu wollen. Blieb die P-18-Hürde. Aber: kommt Zeit, kommt Rat. Vorerst ging die Grundschulzeit mit engen Bänken und kleinkarierten Gesichtern ein für allemal zu Ende. Was folgte, war die »Erweiterte Oberschule«, kurz EOS genannt. Wir selbst freilich nannten uns nicht »erweiterte Oberschüler«, sondern fühlten uns als »Pennäler« und sagten »Penne«. »Gymnasium« zu sagen, war nicht üblich. Wahrscheinlich haftete diesem Wort eine konservative Bürgerlichkeit an, die wir programmgemäß hinter uns zu lassen gelobt hatten. Immerhin hieß der Schuldirektor Christ, was in seiner Zufälligkeit trotzdem anachronistisch verstanden werden mußte, gleichgültig, ob er einer war oder nicht. Was für ein Schmierentheater! Zum Glück gab es ja das Kino, und das fand meistens außerhalb der Schule statt. Wen wundert es da, wenn mir unter den Ereignissen von 1966 ausschließlich außerschulische als bedeutsam im Gedächtnis blieben. Zum einen saß ich 45mal im Kino und zum anderen feierte die DEFA ihr 20jähriges Jubiläum.

Schon im Februar startete die Jubilarin ihren ersten Indianerfilm »Die Söhne der großen Bärin« nach dem Roman von Liselotte Welskopf-Henrich in Farbe und Totalvision. Sinnigerweise kam der Film aus der Künstlerischen Arbeitsgruppe »Roter Kreis«. Allerdings darf vermutet werden, daß das farbgebende Adjektiv nichts mit den sogenannten Rothäuten zu tun hatte. Gedreht in Jugoslawien, der Titoismus war für eine Weile vergessen; tschechischer

Regisseur, der Prager Frühling stand noch bevor; viele jugoslawische Namen als Indianer auf der Besetzungsliste, das war gut so, denn Horst Schulze oder Günther Simon wollte beim besten Willen keiner als Indianer sehen. Unter den wenigen DDR-Schauspielern, die den Indianerhabit gleich einem Fastnachtskostüm trugen, fanden sich Rolf Römer, vielleicht wegen seiner markanten Nase, und der damals 75jährige Professor Hans Finohr als Medizinmann Hawandschita. Wie man lesen konnte, war Finohr der Professorentitel 1951 von der »Staatlichen Kommission für Kunstangelegenheiten« verliehen worden, unter vorgehaltener Hand hieß es: in Ermangelung eines Nationalpreises. Weder der Titel noch irgendeine Medizin schützten Finohr davor, daß er für seine Medizinmannrolle viel Spott einstecken mußte und neun Monate nach der Indianerpremiere mit bemerkenswerter Konsequenz in die ewigen Jagdgründe einging. Ansonsten wimmelte es nur so von Langmesser-Bösewichtern, allen voran Clown Ferdinand Vršt'ala, der von der »Chronik eines Mordes« spielend auf Gauner Red Fox umgeschaltet hatte. Daß ich der Illusion verfiel, es handle sich um eine Gegend in Nordamerika, obwohl ich wußte, daß die DEFA in Jugoslawien gedreht hat, gab mir wieder einmal zu denken. Plötzlich fragte ich mich, ob das, was ich in »Fanny« zu sehen bekommen hatte, wirklich und unzweifelhaft das Mittelmeer gewesen ist. Was sich als mediterranes Blau in mein Gedächtnis eingebrannt hatte, war das womöglich der Pazifik, der bei Los Angeles strandet? Und das Hafenviertel von Marseille? Konnte das nicht auch in einem Studio von Hollywood nachgebaut worden sein? Bei dieser Art illusionärer Irritation hatten die vereinigten Filmemacher aller Länder mit uns leichtes Spiel, weil nirgendwo irgendwer geübter darin war, sich etwas vormachen zu lassen, ohne es zu hinterfragen oder hinterfragen zu können.

Aber die eigentliche Entdeckung war Gojko Mitić, den die DEFA aus der westdeutschen Karl-May-Verfilmungsfabrik abgeworben hatte. Dort gab er in einer Nebenrolle den tanzenden Apachenkrieger, hier wurde er problemlos zum Vorsitzenden aller DDR-Indianer

ernannt. Dort war er nichts als ein billiger Statist, hier erlangte er über Nacht Weltruhm, auch wenn die Welt nur 108 333 km^2 umfasste. Es dürfte eine der seltenen Sternstunden für die Regierenden dieser 108 333 km^2 gewesen sein, als die DEFA die Idee in die Tat umsetzte, Indianerfilme zu produzieren. Bekanntermaßen kann nur mit dem Elend anderer das eigene Elend relativiert wer-

Steckbrief!

200 DOLLAR
Kopfpreis
auf einen Räuber und Mörder
TOKEI-IHTO

Chef und Häuptling der Bärenbande, ist schuldig des Mordes an Dragonern, Polizisten und Rauhreitern. Er ist mit seiner Bande, 65 Männer, Frauen und Kinder, aus der Reservation entwichen. Die Bande befindet sich wahrscheinlich in nordwestlicher Richtung auf dem Wege zum Missouri.

Wer ihn bringt, tot oder lebendig – 200 Dollar

R. F. Hunter W. Green

… tot oder lebendig –
der unmenschlichen Reservationsverwaltung war es gleichgültig, wie Tokei-ihto in ihre Hände gelangte. Der tapfere, klarblickende Häuptling der Söhne der großen Bärin war den weißen Eindringlingen schon lange verhaßt. Sie fürchteten, daß sein Beispiel noch mehr Stammesgruppen anspornen könnte, den langen, gefahrvollen Weg nach Kanada zu wagen, um dort, frei von den Entwürdigungen der Reservation, ein neues Leben zu beginnen.
Den Kampf der Dakota um ihre Jagdgründe, um Freiheit und Recht, zeigt Ihnen der DEFA-Film

Die Söhne der großen Bärin

in Farbe und Totalvision

20 JAHRE DEFA 1966

(204) Ag 500/34/66

den. Die lange schon erkalteten Krieger der nordamerikanischen Ureinwohner mußten noch einmal ran und eine Rolle im Kalten Krieg übernehmen, ob sie wollten oder nicht. Aber ich war erstaunlich weit davon entfernt, das zu erkennen, als ich in der Nachmittagsvorstellung vom 28. Februar 1966 »Die Söhne der großen Bärin« sah: Rang links, Reihe 10, Sitz Nr. 114. Mein Interesse an den »roten Kriegern« erkaltete erst, nachdem der »rote Elvis«, Dean Reed, in die DDR eingeheiratet und sogleich allerhöchste Aufmerksamkeit für sich beansprucht hatte. Zunächst stellte sich das Unikum aus den USA 1973 in einer sehr freien Eichendorff-Adaption als »Taugenichts« vor und bloß. Dann verballhornte er 1974 Jack London, so daß im Volksmund aus »Kit & Co« schnell »Kitsch und Co« wurde. Schließlich, 1975, sorgte er mit »Blutsbrüder« für den Niedergang des DEFA-Indianerfilms. Vermutlich aber war der im ideologischen Kampf als Wunderwaffe eingesetzte Vorzeige-US-Amerikaner Reed mir nur äußerer Anlaß zur Abkehr. Was den Ausschlag gegeben haben dürfte, waren der unübersehbare Versuch marxistisch-leninistischer Missionierung amerikanischer Ureinwohner und die Tatsache, daß sich mein Blick auf die Leinwand ein wenig zu schärfen begann.

Der Schritt von den DEFA-Indianern zu den Hollywood-Gladiatoren war ein sehr kleiner. Kaum daß die »große Bärin« schläfrig geworden war, brach »Spartacus« über die Kinos herein. Die Zeitung annoncierte: »In Erstaufführung! Dieser Film läuft nur in der Schauburg. SPARTACUS. Große Schauspieler in einem historischen Panorama. Der Aufstand der Gladiatoren von Capua. Doppelte Eintrittspreise.« Abgesehen von Sergei Gerassimows Monumentalfilm »Der Stille Don«, dem 327minütigen Meisterwerk aus der befreundeten UdSSR, das 1958 den Spielplan der Kinos bereicherte, schienen »unsere Menschen« 1966 endlich reif zu sein für einen ersten Monumentalfilm vom Klassengegner USA. Nicht »Ben Hur« von 1959 oder »El Cid« von 1961, auch nicht »Cleopatra« von 1962 oder »Der Untergang des Römischen Reiches« von 1963, und schon gar nicht »Doktor Schiwago« von 1965, sondern der Stanley-Kubrick-Film »Spartacus« aus dem Jahr 1960 kam ins Programm.

Die Entscheidung für das Gladiatorenspektakel war vermutlich einer eher beiläufigen Hinterlassenschaft von Karl Marx zu danken, der geschrieben haben soll, Spartacus sei ein »wahrer Vertreter des römischen Proletariats«. Vielleicht war die Zahl 71 v. u. Z. als Jahr der Niederschlagung des Sklavenaufstandes bei mir sogar aus

SPARTACUS

PROGRESS
FILM
PROGRAMM
50/66

dem Geschichtsunterricht hängengeblieben, wie das unauslöschbare Wissen um das Jahr 9 u. Z. und die Schlacht im Teutoburger Wald. Was sonst haben uns die Schulen jenseits von sozialistischer Heimat- und Staatsbürgerkunde aus der Antike überliefert als ein paar Dramen um geschlagene Schlachten und die Existenz verschiedener Säulenformen? Diesem Strom der Zeit und seiner raffinierten Spiegelung im Jahr Null wurde nur dann Aufmerksamkeit zuteil, wenn er in irgendeiner Weise der Herausbildung des Weltproletariats gedient hatte. Was genau heißt das »vor unserer Zeit«

und »unserer Zeit«? Wieso soll die Zeit »vor unserer Zeit« eigentlich nicht auch »unsere Zeit« gewesen sein? Was meint dieses »vor«? Was genau lag zwischen »vor« und »unser«? Warum heißt es hier so und andernorts »vor Christus« und »nach Christus«? Und was bedeutete den Lateinern AD und AC? Fragen, die freilich auch ein Film in Technicolor und Cinemascope nicht beantworten konnte. Aber der gab auch mit keiner einzigen Szene vor, auf irgendwelche Fragen antworten zu wollen.

Für mich war der 27. Juli 1966 ein Ferientag zwischen achter und neunter Klasse, und Hausmeisters hatten an diesem Mittwoch entweder Urlaub oder Haushalttag oder Vater konnte den Kinobesuch im Sinne kultureller Weiterbildung verbuchen. Ganz in Familie saßen wir ab 15 Uhr in der Schauburg: Rang links, Reihe 12, Sitz Nr. 132. Wirklich neu war, daß der Film angehalten wurde. Weil man annahm, daß wir einer solchen Monumentalität von drei Stunden nicht gewachsen gewesen wären, wurde die Geschichte zwischen erstem und zweitem Teil unterbrochen und eine zehnminütige Pause verordnet.

In der Pause stand die Zeit. Wir stiegen vom Rang hinunter und gingen ein paar Schritte vor der Schauburg hin und her. Es schien unmöglich zu sein, aus »vor unserer Zeit« in unsere Zeit zu gelangen, in der das Julinachmittagslicht blendete. Die zehn Minuten dehnten sich. Im Kopf rebellierten antike Filmbilder gegen die Wirklichkeit. Straßenbahnwagen der Linie 8 fuhren eine mit Säulen

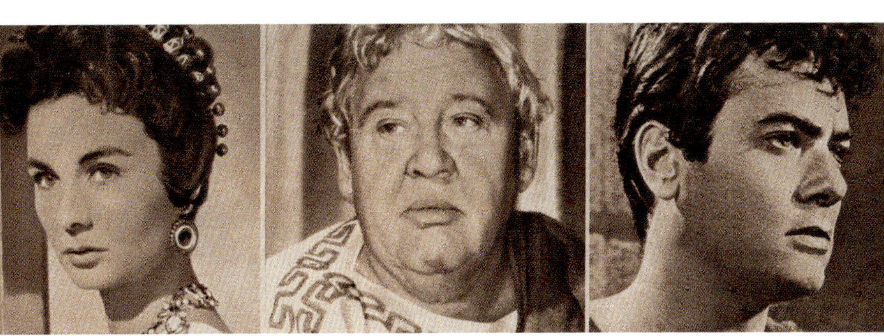

bestandene römische Prachtstraße entlang. Die vor der Vorverkaufskasse anstehenden Menschen waren in Togen und Tuniken gewandet, als hofften sie, im »Forum Schauburg« einem Gladiatorenkampf beiwohnen zu können. Angeweht von der unvorstellbar weit zurückliegenden Zeit, fröstelte mich, obwohl Sommer war. Mit dem Ende der Pause erschloß sich erstmals der Sinn des Kleingedruckten, das jede Eintrittskarte zierte: »Auf Verlangen vorzuzeigen«. Seitlich jeder Schauburgtür war eine Person postiert, die lauthals das Verlangen äußerte, es möge vorgezeigt werden. Ich erinnere mich, daß Vater augenblicklich erbleichte und fieberhaft die Taschen seines liebsten Kleidungsstücks, eines Blousons, durchsuchte. Ich höre ihn noch, wie er sagte, er habe die Karten doch in den Blou-Sohn gesteckt, die erste Silbe in einer Weise betonend, daß die zweite Silbe so klang, als würde er mich meinen. Womit er

Schauburg Täglich 15 und 19 Uhr

Freitag bis Donnerstag: **5. Woche verlängert!**

Dieser Film läuft nur in der Schauburg

55 744 Besucher sahen dieses hervorragende Filmwerk

Cinem. - USA (P 14)

60 000 Sklaven im Kampf gegen die Weltmacht Rom

Doppelte Eintrittspreise!

Betriebsbestellungen werden schriftlich, 3 Tage im voraus, entgegengenommen

Sonntag 9.30 Uhr Matinee:

Spartacus (P 14)

Schauburg Dresde

Täglich 15 und 19 U

Versäumen Sie nic

Filmwerk anzusehen

Es läuft nur in der S

Freitag bis Donner

Die 8. Woche ve

94 000 Besucher sa

SPARTAC

(P 14)

USA — Farbfilm

Der Aufstand der

Doppelte Eintritt

Telefonische Bes genommen

Die Karten müs Spielbeginn ab

Stg. 9 Uhr KV: **Ein Bär für Prag** (P 6)

Stg. 11 Uhr Matinee: **Hokuspokus**

Schauburg Dresden

Täglich 15 und 19 Uhr

Weiterhin der große Erfolg

Freitag bis Donnerstag:

Die 10. Woche verlängert!

115 368 Besucher sahen den amerikanischen Farbfilm in Cinemascope

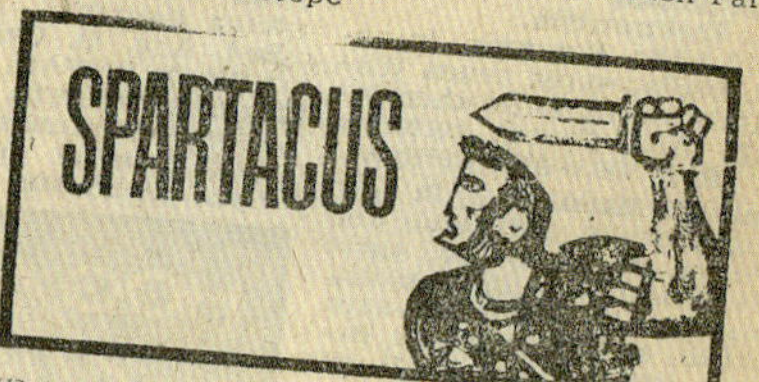

(P 14)

Große Schauspieler in einem historischen Panorama

Regie: Stanley Kubrick

Doppelte Eintrittspreise!

Telefonische Bestellungen werden entgegengenommen

Stg., 9 Uhr, KV: **Weiße Feder** (P 6)

Stg., 11 Uhr, Mat.-Vorst.: **Cleo, Liebe und Antike** (P 14)

Schauburg

Täglich 15 und 19 Uhr

Einmaliger Erfolg! 12. Woche verlängert!

130 000 Besucher sind begeistert

Freitag bis Donnerstag:

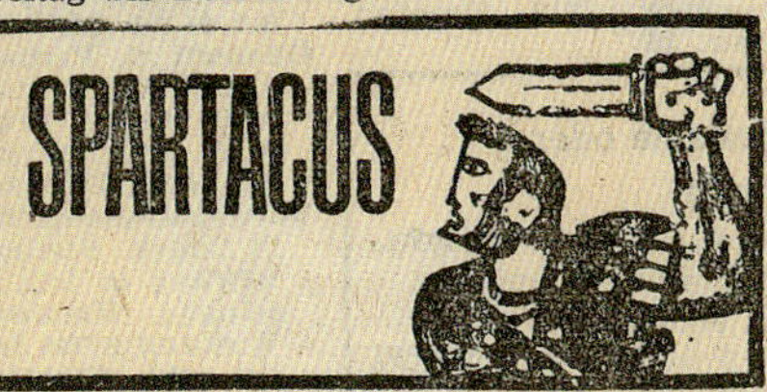

(P 14) USA — Cinemascope

Die römische Weltmacht erzittert vor ihren Sklaven — Der größte Aufstand des klassischen Altertums!

Doppelte Eintrittspreise

Telefonische Bestellungen werden entgegengenommen

Sonntag, 10 Uhr, Kindervorstellung:
Die Suche nach dem wunderbunten Vögelchen

SCHAUBURG

Täglich 15 und 19 Uhr

Freitag bis Donnerstag:
Die 13. Woche - letzte Woche in unserem Theater
143 363 Besucher sahen bisher

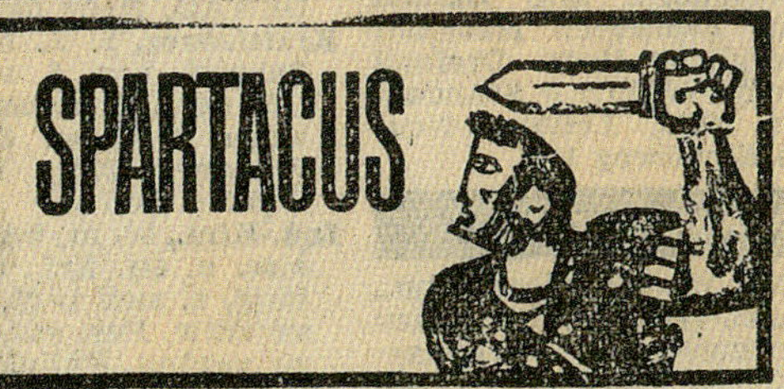

Cinemascope - Farbe - USA (P 14)

Ein dramatisches Kapitel Weltgeschichte im letzten Jahrhundert vor unserer Zeitrechnung
Sichern Sie sich sofort Karten!
Telef. Bestellungen werden entgegengenommen.
Doppelte Eintrittspreise!

Stg. 10 Uhr KV: **Meisterdetektiv Dr. Martin** (P 6)

dieses Mal sogar Recht hatte, denn die Karten waren nicht in seinem Blouson, sondern in meinen Hosentaschen, frönte ich doch der Marotte, Eintrittskarten zu sammeln wie andere Briefmarken oder Bierdeckel. Also zeigte ich vor, wonach verlangt wurde, und erntete eine erziehungsberechtigte Kopfnuß.

Die folgenden 90 Filmminuten vergingen schneller als die zehn Pausenminuten. Das Finale war voraussehbar. Spartacus konnte nicht siegen. Denn hätte er gesiegt, dann wäre womöglich 71 v. u. Z. das eigentliche Jahr Null, Spartacus der erste Sozialist und Lenin unnötig geworden. So aber ersticht Kirk Douglas am Ende Antoninus Tony Curtis, um seinem Freund und Mitstreiter die Kreuzigung zu ersparen. Er selbst wird auf Befehl von Crassus zusammen mit 6 472 Gefangenen gekreuzigt. Der Chefideologe von Progress resümierte im Programmheft: »Sie starben als freie Menschen ... Den Geist des Spartacus aber konnten sie nicht auslöschen.« Fehlte nur noch ein Exkurs über den Spartakusbund und Vater hätte im nächsten Parteilehrjahr daraus zitieren können. Was wird sich die Familie nach diesem Monumentalfilm Monumentales zu sagen gehabt haben? Vielleicht schwiegen wir, gleichermaßen peinlich berührt, weil Jean Simmons als Varinia kurzzeitig mit bloßem Oberkörper zu sehen gewesen war? Diese Blitzblöße hätte leicht zum Prädikat P 18 führen können, das ich über alles fürchtete, nachdem ich es gerade erst in die 14er-Kategorie geschafft hatte.

Mutter war Mitte vierzig, Vater Anfang fünfzig, einfache Leute, die sich von den Angeboten »ihrer« Kunst- und Kulturstadt nach dem Motto mitreißen ließen: Kultur muß sein, komme, was wolle. In die eine oder andere Ausstellung, natürlich ins Theater mit Anrecht, am liebsten Operette, und selbstverständlich in die Zwinger-Museen, möglichst mit Jahreskarte. Das war wie die Erfüllung eines gesellschaftlichen Auftrags. Aber hatten sie in »Spartacus« etwas gesehen, was sich von dem unterschied, was ich gesehen hatte? Über die Schauspieler sprachen wir vermutlich nicht, denn sie waren allesamt neu für uns, und es fiel uns schwer, ihre fremd klingenden Namen auszusprechen. Oder hatten die Eltern doch Charles Laughton als Glöckner von Notre-Dame gesehen und kannten gar Laurence Olivier und Jean Simmons aus »Hamlet«, der 1959 in der DDR gestartet worden war? Am wahrscheinlichsten war, daß wir, ohne viel zu reden, zur Tagesordnung übergingen, die aus einem gemeinsamen Abendbrot bestanden haben wird.

Mit jeder Woche, die »Spartacus« verlängert wurde, gewann das Annoncenformat in der Zeitung an Größe. Der darin angezeigte Erfolg äußerte sich in steigenden Zuschauerzahlen und der Wahl der Adjektive. In zwei Wochen sahen 30 500 Besucher das »attraktive Filmwerk«. Nach fünf Wochen hatten 68 744 Besucher das »hervorragende amerikanische Filmwerk« gesehen. Nach sieben Wochen 94 000 Besucher das »gewaltige Filmwerk«. Und vor der 13. Woche hatte dieses »dramatische Kapitel Weltgeschichte im letzten Jahrhundert vor unserer Zeitrechnung« bereits 143 363 Besucher angezogen. Bald hieß es, der Film würde in Kürze an den amerikanischen Verleih zurückgehen und es bliebe keine Kopie zurück. Ich zögerte nicht lange und nahm am 24. September 1966, 15 Uhr Abschied von »Spartacus«: Rang links, Reihe 13, Sitz Nr. 137.

Nach dem Sandalenfilm war der Damm gebrochen und Progress schickte fortan einen Großfilm nach dem anderen ins Rennen. Es konnte gar nicht monumental genug zugehen, freilich immer unter besonderer Beachtung aktueller Direktiven und dessen, was »unseren Menschen« zumutbar war. Kaum war Spartacus an der Via Appia und auf der Erstaufführungsleinwand zum letzten Mal ans Kreuz geschlagen worden, besetzte die Jules-Verne-Verfilmung »In 80 Tagen um die Welt« acht Wochen die Schauburg. Auch die Hausmeisterfamilie besetzte am 15. Oktober 1966, einem Sonnabend, ein paar Plätze, Rang links, Reihe 12. Die Zeitung titelte in ihrer Annonce: »70 000 Mitwirkende aus 13 Ländern!« Was in keiner Zeitung stand, daß der Film schon zehn Jahre auf dem Buckel hatte, was der Farbe von »Technicolor« in keiner Weise anzumerken war. Sogar die Zeitung aller Zeitungen, die sonst vor linientreuer Steifheit nicht dazu kam, ihre Blätter mal richtig rauschen zu lassen, erlaubte sich einen unerwartet lockeren Ton: »64 230 Dresdner reisten bisher mit Jules Verne IN 80 TAGEN UM DIE WELT. Reisen auch Sie! Erleben Sie eine abenteuerliche Reise zu Wasser, zu Lande und in der Luft! Besorgen Sie noch heute Ihre Eintrittskarte! Doppelte Eintrittspreise! Zwischen dem 1. und 2. Teil des Filmes 15 Minuten Pause!« Fünf Ausrufezeichen in einer einzigen Annonce auf so engem Raum, das gab es noch nie. Auch, daß »eine großartige Show nach Jules Vernes Abenteuerbuch« versprochen, ein Film zur »Show« erklärt wurde, war in Parteizeitungskreisen etwas Neues. Und die Pause zwischen den Teilen wurde gegenüber »Spartacus« gleich um fünf Minuten verlängert! Wer hätte das gedacht!

Viele bekannte Namen werteten noch die kleinste Nebenrolle auf, hieß es, was den Hauptrollen-Stars David Niven und Shirley MacLaine das Leben schwermachte. Mir allerdings machte etwas ganz anderes das Leben schwer. Für mich, der ich in einem der abgelegensten Teile und ahnungslosesten Täler der Filmwelt zu Hause war, gab es eigentlich nur unbekannte Namen, und das sowohl bei den Haupt- wie auch den Nebenrollen. Gut, von Marlene Dietrich, dem UFA-Star, hatte ich schon etwas gehört, und Charles Boyer hatte ich in »Fanny« gesehen. Aber wußte ich auch etwas mit Trevor Howard, Peter Lorre, Buster Keaton, Fernandel oder Frank Sinatra anzufangen? Im Programmheft wird gefragt: »In achtzig Tagen um die Erde? Na und – was ist das schon für ein Rekord? Beljajew und Leonow haben es in neunzig Minuten geschafft.« Das sagte dem Südvorstädter Schüler schon eher etwas. Pawel Beljajew und Alexei Leonow, zwei Kosmonauten, waren im März 1965 mit dem Raumschiff Woschod 2 um die Welt geflogen, sie hatten es in einem Tag, zwei Stunden und zwei Minuten auf 18 Erdumkreisungen gebracht, wobei es zum ersten sogenannten »Weltraumspaziergang« gekommen war. So etwas wußte er. Aber daß Glynis Johns im Musicalfilm »Mary Poppins« gespielt hatte, John Carradine in »Ringo« und »Früchte des Zorns« zu sehen gewesen war oder Martine Carol die berühmt berüchtigte Lola Montez verkörpert hatte, allesamt Nebendarsteller aus den »80 Tagen«,

das wußte er nicht. Mag sein, er war drauf und dran, etwas nachzuholen, aber aufholen ließ sich nicht, was er in den letzten 70 Jahren Filmgeschichte verpaßt hatte.

Bevor sich das Jahr 1966 verabschiedete, begrüßten wir am 28. Dezember zur Nachmittagsvorstellung einen dritten Monumentalfilm. Die Schauburg kündigte an: »UNSER FESTPROGRAMM.

In Erstaufführung – täglich 15 und 19 Uhr – Ein polnischer Cinemascope-Farbfilm ›Pharao‹ (P 14). Nach dem gleichnamigen Roman von Boleslaw Prus. Eroberung und Bekenntnis Ramses XIII. Helden und Intriganten unter den Augen der Sphinx. Die Aufnahmen entstanden in drei Erdteilen: Europa, Asien und Afrika. Doppelte Eintrittspreise!« Aus völkerkundlicher Begeisterung wurde im Schauburg-Foyer gleich noch eine Ausstellung über Ägypten gezeigt. Dieses Mal hatte es die Familie leider nach unten verschlagen: Parkett rechts, Reihe 10. Zwar hieß es, daß die Dreharbeiten gescheitert wären »ohne die disziplinierte Mitarbeit mehrerer tausend Sowjetsoldaten«, die als Statisten zu ägyptischen Volksmassen wurden, aber die ägyptischen Könige und ägyptischen Priester wurden von polnischen Schauspielern gespielt und nicht von ausgeliehenen Jugoslawen. Und was das Tollste war, kein Gojko soundso wurde per ZK-Beschluß zum Generalsekretär aller polnischen Pharaonen berufen, sondern Jerzy Zelnik spielte den jungen Ramses.

Schöne Filmbilder gleich zu Beginn. Zwei tollpatschige Skarabäus-Käfer rollen Mistkugeln durch den Wüstensand, dem seine Herkunft aus der Wüste Kysilkum der Kasachischen SSR nicht anzumerken war. Schöne Brustbilder auch von Barbara Brylska. Und atemberaubend die Ablichtung einer Sonnenfinsternis. Da störte es wenig, daß die Priester ihre Gesänge in Polnisch zelebrierten. Aber konnte ich etwas mit dem Wort »Hetäre« anfangen und hörte ich Ramses sagen: »Eine Stunde der Liebe ist mehr wert als ein Jahr der Macht«? In Abwandlung dieses Satzes hätte die Bezirksfilmdirektion für »Pharao« auch mit dem Text werben können: Drei Stunden Kino sind mehr wert als ein Jahr der Macht. Als Sprachrohr kulturpolitischer Direktiven tat sie das natürlich nicht. Stattdessen war in der letzten Programmvorschau-Annonce nüchtern zu lesen: »Die 6. Woche verlängert! 49 500 Dresdner sahen das filmische Meisterwerk«.

Die Schauburg wurde ihrem Ruf als Erstaufführungskino noch oft gerecht. Wenn der Südvorstädter Junge vom Otto-Buchwitz-Saal

hinüber zur Neustädter Otto-Buchwitz-Straße fuhr, wenn er von seinem Platz im Rang sehnsüchtig auf das Verglimmen des Saallichts, den Gong und das langsame Sich-Öffnen des Vorhangs wartete, dann glaubte er zu wissen, daß er hierher immer wieder zurückkehren würde, komme, was wolle. »My Fair Lady« mit Audrey Hepburn am 20. Dezember 1967, »Eine total, total verrückte Welt«

Schauburg
Täglich 15 und 19 Uhr
Freitag bis Donnerstag:
7. Woche verlängert
nur noch kurze Zeit in der Schauburg!
Der größte polnische Film — 58 000 Besucher

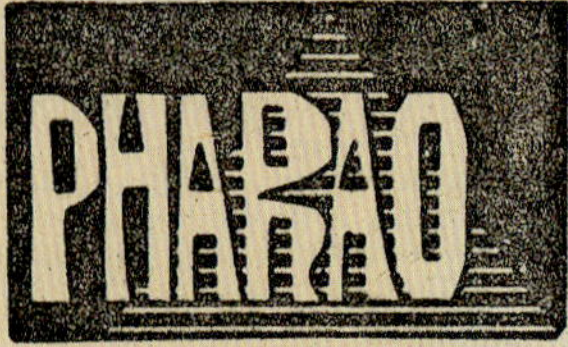

(P 14) Cinem., Farbe
Nach dem bekannten Roman von Boleslaw Prus. Der Niedergang des alten ägyptischen Reiches.
Doppelte Eintrittspreise!
Vorverkauf täglich von 15 bis 20 Uhr für 2 Tage im voraus. Telefonische Bestellungen werden von Montag bis Freitag von 8 bis 15 Uhr für 4 Tage im voraus, unter der Ruf-Nr. 5 08 35 entgegengenommen
Sonntag 10 Uhr, Matinee-Vorstellung:
Die Reise zum Mittelpunkt der Erde (P 14) USA
50 % Zuschlag wegen verlängerter Spieldauer

mit Spencer Tracy am 25. September 1968, »Das Narrenschiff« mit Simone Signoret am 18. Oktober 1969, »He, Du!« mit Annekathrin Bürger am 2. Februar 1970, »Julia und die Geister« mit Giulietta Masina am 13. April 1971 oder »Liebesträume« über Franz Liszt am 27. September 1971 bis hin zu »Spiel mir das Lied vom Tod« am 4. März 1982, der mit 13jähriger Verspätung lief. Die Liste ist lang. Ob der neuste DEFA-Film oder sonst eine flache Klamotte – mir war es beinahe gleich. Hauptsache, die Welt hinter dem Vorhang war eine andere als die vor der Kinotür.

Filmbühne Wölfnitz
Kesselsdorfer Straße 114

Was trieb einen Südvorstädter nach Wölfnitz? Gewiß, auch dort war ein Kino, das mit dem seltenen Namen »Filmbühne« lockte. Sogar eine Straßenbahn hielt direkt vor der Kinotür. Aber in was für einer Gegend! Nicht, daß sich der Südvorstädter als etwas Besseres dünkte, nur sein Viertel dachte er sich schöner als jedes andere. Außerdem erhöhte solch ein Stadtteilwechsel die Vorfreude auf den Kinobesuch. Fast darf behauptet werden, je umständlicher der Weg zum Film, desto größer die Spannung.

Irgendwie fühlte sich dieses Wölfnitz aus Südvorstädter Sicht so an, als wäre es gar nicht mehr der Stadt zugehörig, als würde dort etwas zu Ende sein, als kämen danach nur noch Felder, bewohnt von Fuchs und Hase. Zuerst ging es zum »Nürnberger Ei«, weiter nach Löbtau über die »Brücke der Jugend«, die von den Eltern hartnäckig »Nossener Brücke« genannt wurde. Einerseits die unübersehbaren Reichsbahn-Lokschuppen, davor die große Drehscheibe, auf der die schwarzen Dampfloks so lange gedreht wurden, bis ihnen Dampf aus allerlei Öffnungen entwich. Andererseits dampfte das Heizkraftwerk Tag und Nacht vor sich hin. Dann über die Weißeritz. Schon stand man am Drei-Kaiser-Hof, der ein Hotel mit Ballsaal gewesen sein soll, wußte Vater zu erklären, wenn wir an der barackenähnlichen Bierhalle vorübergingen. Wer mit den »drei Kaisern« gemeint war, erklärte er nicht. Nicht überliefert ist, ob Vater dort gelegentlich ein Bier zischte. Aber in der Erinnerung blieb das Bild einer scheinbar endlosen Kesselsdorfer, die vom Drei-Kaiser-Hof hinauf nach Wölfnitz zielte. Auch zaubert die Erinnerung den Fabrikladen von »Elbflorenz« herbei, wohin Vater vor jedem Weihnachtsfest verschwand, um drei Tell-Äpfel und eine mit Samt umhüllte Bonbonniere im wahrsten Wortsinne zu erstehen. Dann ging es vorbei an der Reisewitzer, die mit ihrem Uhrengeschäft ab 1968 interessant werden sollte, weil der Sohn des Uhrenhändlers das »Weiße Album« der Beatles sein Eigen nannte, und am Bekleidungshaus Stohn, wo mir ein Mantel in »Pfeffer und Salz« zuteil wurde.

Aber das waren nichts weiter als Nebenschauplätze, die ohne Halt zu passieren waren, um rechtzeitig die Filmbühne zu erreichen. So wie am 2. Juni 1966, als es »Fanfan, der Husar« gab. Eigentlich waren finanzielle Begrenztheit und ideelle Beschränktheit des volkseigenen Verleihs für den Südvorstädter ein Glücksfall. Denn was die Verleihgenossen erst einmal ins Herz geschlossen hatten, wurde auf Jahre durch die Kinos des Landes geschleift. So konnte ich nach Herzenslust nachholen, was sonst auf Nimmerwiedersehen in der Versenkung verschwunden wäre. »Fanfan« unterlag vermutlich einer ganz besonderen kulturpolitischen Maßnahme, weil er auch als Filmheld nicht unterlag. Seit 1954 war er im Dauereinsatz, focht als »Volksheld« gegen »Despoten«. »Eine überlegene Satire auf Militarismus, Krieg und Absolutismus«, jubelte das Programmheft, das 1954 noch »Progress Filmillustrierte« hieß. Mich focht das wenig an. Aufsehenerregend war höchstens, der Auferstehung des 1959 gestorbenen Gérard Philipe beizuwohnen. Das aber ist ja das Großartige und gleichermaßen Unheimliche am Film, wie die Toten, die Totgesagten und Totgeschwiegenen, auch die Todgeweihten und die Sich-tot-Stellenden jederzeit wieder auferstehen können. Jeder Schauspieler wird zu einem Untoten, ob er will oder nicht. Gérard Philipe sah ich als Fanfan so quicklebendig, daß es unvorstellbar blieb, ihn längst unter den Toten zu wissen.

Aber dachte ich darüber wirklich nach, als ich am 2. Juni in der Filmbühne saß? Oder hatten es mir vielmehr die Dekolletés angetan? Die konnten schnell zum Hofgespräch unter Schulfreunden werden. Schauspielerinnen, die nicht mit ihren Reizen geizen. Sogar das Programmheft hob hervor, Gina Lollobrigida als Adeline sei mit den »Rundungen des weiblichen Universums« gesegnet,

Fanfan der Husar

(FANFAN-LA-TULIPE)

Ein Film von Christian-Jaque

Nach einer Idee von René Wheeler und René Fallet
Musik: Georges van Parys, Maurice Thiriet · Drehbuch: Christian-Jaque, Henri Jeanson, René Wheeler
Kamera: C. Matras · Ton: La Charmoise · Bauten: Robert Gys · Schnitt: Desagneaux
Regie: CHRISTIAN-JAQUE

Darsteller

Fanfan der Husar	Gérard Philipe †
Tranche-Montagne, sein Freund	Olivier Hussenot
La Franchise, Rekrutenwerber	Nerio Bernardi
Adeline, seine Tochter	Gina Lollobrigida
Ludwig XV. von Frankreich	Marcel Herrand
Lebel, sein Kammerdiener	Jean Marc Tennberg
Fier-à-Bras	Noel Roquevert
Hauptmann de la Houlette	Jean Paredes
Madame Pompadour	Genevieve Page
Henriette von Frankreich	Sylvie Pelayo
Mme. Tranche-Montagne	Georgette Anys
Marschall von Frankreich	Henri Rollan

Eine französisch-italienische Gemeinschaftsproduktion
Verleih: VEB Progress Film-Vertrieb

Gegen Voreinsendung des Rückportos und des Rechnungsbetrages erhalten Sie die gewünschten Filmprogramme, soweit sie noch vorhanden sind, über das Filmtheater „Casino", Leipzig C 1, Neumarkt. Ferner haben Sie auch die Möglichkeit, ältere Filmprogramme bei Ihrem Filmtheater oder Ihrer Spielstelle zu kaufen. – Regelmäßig können Sie unsere Programmhefte im Postabonnement zu einem Vierteljahrespreis von 3,20 DM beziehen. Progress-Starfotos sind in Ihrem Filmtheater oder in den einschlägigen Fachhandelsgeschäften zum Preise von 0,20 DM pro Foto erhältlich.

Verkaufspreis: 0,10 DM
Herausgegeben vom VEB
Berlin W 8, Werderscher
Verantwortlich für Inhalt
Zentraler Presse- und We
Druck: Berliner Druckerei,
Ag 214 53 60

und bezeichnete sie deshalb als »Wunderwaffe des Königs«. Aber auch Geneviève Page als Madame Pompadour, Mätresse von Ludwig XV., war nicht von Pappe. Immerhin konnte der Südvorstädter von sich behaupten, daß ihm der Begriff »Mätresse« geläufig war. Wer mit den Geschichten um August den Starken aufgewachsen ist, kennt sich bei Mätressen aus. Einer auf dem Schulhof sprach von den »Matratzen des Königs«. Der wurde als Unbedarfter ausgelacht. Vielleicht aber wußte er mehr und meinte es ganz anders, als wir Lacher dachten. Auch von »Sexbomben« wurde auf dem Hof getuschelt. Fotos gingen von Hand zu Hand. Das Wort bereitete dem Südvorstädter ungeahnte Probleme. An die Silbe »Sex« dachte er nicht einmal, gedachte auch nicht, sich als Sittenwächter aufzuspielen. Vielmehr war es die zweite Silbe, die ihm zu denken gab. Er mochte auch nicht von »Bombenwetter« reden. Natürlich war sich der Schulhof einig, wenn es um die »Lollo« ging. Alle vergötterten die Italienerin. Kaum einer redete über Gérard Philipe. Das fand der Südvorstädter ungerecht. Ich meine, der Philipe zeigte doch deutlich mehr als nur Brust. Der überschlug sich regelrecht mit akrobatischen Höchstleistungen, um Aufmerksamkeit und Gunst der Zuschauer zu gewinnen. Kaum aber querte ein Dekolleté die Leinwand, waren aller Augen darauf gerichtet.

Fortan festigte sich beim Südvorstädter der Eindruck, es ginge hauptsächlich darum, welcher Film die tiefsten Einblicke in Dekolletés gewährte. Das schien in einen regelrechten Wettbewerb auszuarten, der vorerst in »Moll Flanders« und »Tom Jones« gipfelte. Dabei standen dem Südvorstädter solch leinwandsprengende Ereignisse wie Marilyn Monroe oder Anita Ekberg noch bevor. Andererseits gab es den Kult um die Namen. Allein der Name konnte über Weltruhm entscheiden. Allerdings hatten es Filme aus »befreundeten Ländern« mit ihren Schauspielernamen schwer. Im Juni 1967 schickte das »Grusija-Film-Studio« seinen Krimi »Spiel ohne Unentschieden« nach Wölfnitz. Die Hauptdarsteller hießen Tschochonelidse, Kesheradse und Dauschwili. Der progressive Verleih, der auf befreundete Produktionen angewiesen war, um sein Jahresprogramm zu füllen, fand offenbar Gefallen am dschugaschwilischen Georgien, denn nur ein halbes Jahr später, im Februar 1968, brachte er mit »Fürsten, Rächer und Banditen« einen weiteren »Grusija-Film« auf die Wölfnitzer Leinwand. Dieses Mal agierten Abasadse, Kawtaradse, Zuladse und Abaschidse. Lag es am Ohr oder am Geschmack? Jedenfalls lag es für den Südvorstädter auf der Hand, daß die Georgier gegen Gérard Philipe und Gina Lollobrigida, gegen Jean Marais und Mylène Demongeot nicht die geringste Chance hatten.

Wenn ich ehrlich sein soll, konnten Namen aus aller Herren Länder für mich eine echte Herausforderung darstellen. Auch japanische. Um das unter Beweis zu stellen, schickten die Programmplaner im Juli 1967 den japanischen Kriminalfilm »Die Herausforderung« nach Wölfnitz. Es spielten Koji Tsuruta, Tetsuro Tamba, Tatsuo Umemiya. Kaum daß man hätte sagen können, ob sich hinter diesen Namen Frau oder Mann verbergen, es merkte sie sich auch keiner. Ich jedenfalls nicht. Etwas besser sprangen die russischen Namen von der Zunge. Mag sein, das hatten wir dem Russisch-Unterricht zu verdanken. Einige Namen prägten sich sogar ein, konnten ohne Stottern aus dem Gedächtnis aufgesagt werden. Bondartschuk seit »Ein Menschenschicksal«, später »Krieg und Frieden«. Die Samoilowa seit »Die Kraniche ziehen«, später »Anna Karenina«. Bald konnte sich der Südvorstädter die Namen der Regisseure Tarkowski, Michalkow und Klimow merken.

Schauspieler Innokenti Smoktunowski gehörte seit »Ein Brief, der nie ankam« und »Hamlet« zu jenen, die meiner Zunge keine knotenbildende Verwicklung bescherten. Plötzlich überraschte der sonst über alle Maßen ernste Smoktunowski in der Kriminalkomöde »Autoaffären«. Erst am 3. Februar 1967 landesweit gestartet, eilte ich schon am 19. desselben Monats nach Wölfnitz, um diesen farbigen Mosfilm zu sehen. Smoktunowski spielt den Versicherungsvertreter Detotschkin, der nachts einer sehr speziellen Leidenschaft

AUTOAFFÄREN

Eine sowjetische Kriminalkomödie
Produktion: Mosfilm
Kamera: Anatoli Mukassej
Musik: Andrei Petrow

REGIE: ELDAR RJASANOW

DREHBUCH: EMIL BRAGINSKI, ELDAR RJASANOW

Rollen:	Darsteller:
Detotschkin	INNOKENTI SMOKTUNOWSKI
Podberjosowikow	Oleg Jefremow
Detotschkins Mutter	Ljubow Dobrshanskaja
Ljuba	Olga Arossewa
Sokol Krushkin	Anatoli Papanow
Dima Semizwetow	Andrei Mirnow
Inna Semizwetowa	Tatjana Gawrilowa
Milizinspektor	Georgi Shshenow

Deutsche Sprecher: Erhard Köster, Fred Düren, Lotte Loebinger, Kerstin Sanders, Norbert Christian, Klaus Piontek, Annemone Haase, Uwe Detlev Jessen

Deutsche Bearbeitung: VEB DEFA-Studio für Synchronisation · Dialog der deutschen Fassung: Wolfgang Krüger · Regie: Wolfgang Thal · Schnitt: Christel Schäfgen · Ton: Erwin Kropf

Verleih: VEB Progress Film-Vertrieb

Gegen Voreinsendung des Rückportos und des Rechnungsbetrages erhalten Sie die gewünschten Filmprogramme, soweit sie noch vorhanden sind, über das Filmtheater „Casino", 701 Leipzig, Neumarkt. Ferner haben Sie auch die Möglichkeit, ältere Filmprogramme bei Ihrem Filmtheater oder Ihrer Spielstelle zu kaufen. Regelmäßig können Sie unsere Programmhefte im Postabonnement zu einem Vierteljahrespreis von 3,20 MDN beziehen. Progress-Starfotos sind in Ihrem Filmtheater oder in den einschlägigen Fachhandelsgeschäften zum Preise von 0,20 MDN je Foto erhältlich.

Verkaufspreis: 0,20 MDN

Filmprogramm 13/67
Herausgegeben vom VEB Progress Film-Vertrieb
102 Berlin, Burgstraße 27, Ruf: 42 59 71
Verantwortlich für den Inhalt: Erika Kähler
Druck: VEB INTERDRUCK · Ag 500/2/67 (32 933)

nachgeht. Aber dabei entwickelt sich nicht das, was Dekolleté-Liebhaber vielleicht erhofft hätten, sondern kriminelle Energie im Stil eines Robin Hood. Detotschkin stiehlt Autos von korrupten Beamten, verkauft sie und überweist den Gewinn an Kinderheime. Eingefleischte Mitglieder »Deutsch-Sowjetischer Freundschaft« konnten, was sie zu sehen bekamen, nur aushalten, wenn sie fest an eine Zwinkergeschichte glaubten. Denn in sowjetischer Wirklichkeit gab es weder Korruption noch fanden sich Käufer gestohlener Autos, auch Kinderheime, die dringend Geld benötigten, suchte man dort selbstverständlich vergeblich. Damit das auch Nicht-Mitglieder »Deutsch-Sowjetischer Freundschaft« erkannten, lieferte das Programmheft von Progress vorbeugende Kommentare. Es sei ungewiß, wo und ob überhaupt sich die Geschichte zugetragen habe. Gewiß sei hingegen die einzig wahre Wahrheit, »daß mit der Ablösung der antagonistischen Klassenverhältnisse den Kriminaldelikten der soziale Nährboden entzogen wurde, Gaunereien sind in der sozialistischen Gesellschaft Anachronismen«.

Obwohl die Filmbühne am Stadtrand und fast schon in den Feldern stand, wurde sie bisweilen zum Familienkino. Vater, Mutter, Schwester und ich, das Kind, verbrachten dort ein paar gemeinsame Stunden, die etwas Heiteres, sogar etwas Behagliches hatten. Wir lachten an der Schmerzgrenze über die englischen Possen »Held im Hemd« und »Cleo, Liebe und Antike«. Wir konnten am 8. September 1966 genüßlich miterleben, wie im neuesten Kurt-Hoffmann-Film »Hokuspokus« Liselotte Pulver ihren Heinz Rühmann verschwinden ließ. Wir sahen am 27. April 1967 Stan Laurel und Oliver Hardy als »Dick & Doof« nach Texas reiten. Und am 4. Juni 1970 fuhr Cornelia Froboess mit ihrem Wölfchen nach »Rheinsberg«. Das sei der Filmbühne nicht vergessen, auch wenn sie 1985 von einem Brand lahmgelegt und drei Jahre später abgerissen wurde.

Tagesfilmtheater Ost
Schandauer Straße 73

Es hieß nicht, wir gehen nach Ost, sondern ins »Ost«, das sich »Tagesfilmtheater« nannte. Genauso wenig gingen wir nach Westen, sondern ins »West«, das in Dresden-Cotta lag. Für einen Südvorstädter stand das »Ost« ziemlich weit im Osten der Stadt. Abgesehen von solch zweifelhaften Spielstätten wie »Filmschau Niedersedlitz«, »Gasthof Niederpoyritz« oder »Fachschule für Landwirtschaft und Gartenbau Pillnitz« war östlicher als das »Ost« nur das »Stephenson« in Dresden-Leuben.

In der Publikumsgunst rangierte das Kino »Ost« weit oben, obwohl man hätte meinen können, das Wort »Ost« sei von Staats wegen besetzt und deshalb ließe sich damit auf lange Sicht kein Staat machen. Zweifelsohne hatte dieses Wort Schaden genommen, war negativ besetzt, wie auch »rot« und »links« ihre Unschuld verspielt hatten. Vielleicht aber spielen Wörter und Namen bei einem Kino eine untergeordnete Rolle, weil es bei Kino und Film um ganz andere Rollen geht? Womöglich fiel das Himmelsrichtungswort auch deshalb nicht weiter ins Gewicht, weil es als himmelweiter Unterschied angesehen werden kann, ob es »Ost« oder »Osten« hieß. Tagesfilmtheater Osten? Das wäre dann wohl doch das Ende gewesen.

Vor dem Eingang zum »Ost« ging es zur Kinokasse rechts in ein Nebengelaß. Dort stapelten sich in meiner Erinnerung nicht nur vor der Kasse wartende Filmsüchtige, sondern auch Kästen mit den in benachbarter Kneipe »Altenberger Hof« leergetrunkenen Bierflaschen. Lange hielt sich in der Nase dieser eigenartige Stoff aus vergorenen Bierneigen, saurem Warteschweiß, kaltem Zigarettenrauch und billiger Scheuerseife. Irgendwo im Kopf blieb auch ein blasses Bild vom Gesicht der Kassiererin mit ihrem grell geschminkten Mund, den sie hinter leicht beschlagener Kassenglasscheibe und netzartigem Sprechsieb schnappend öffnete und schloß, was an einen Karpfen im Aquarium denken ließ. Dort also, auf diesem filmtechnischen Nebenschauplatz, erhofften wir Einlaß zu finden in die Traumfabrik, und wir nahmen an, je weiter entfernt die Fabriken produzierten, umso besser würden ihre Träume sein.

Wie trügerisch und weit hergeholt Erinnerung sein kann, zeigt, daß ich es eine Zeitlang für möglich hielt, der Begriff »Nischengesellschaft« habe nicht allgemein im Osten, sondern speziell im »Ost« seinen Ursprung. Der Saal verfügte über diese eigenartigen Nischen, die stirnseitig gegenüber der Leinwand lagen und Logen genannt wurden. Sie hatten den Vorteil, daß sie zum Niveau des Saalbodens ein wenig erhöht waren. Ansonsten wies der Saal keinerlei Steigung auf, die das Sehen von hinten nach vorn in irgendeiner Weise erleichtert hätte. Im Gegenteil, man hatte das befremdliche Gefühl, je weiter hinten man Plätze angewiesen bekam, umso mehr kippte der Saal nach unten weg. Außer der raumtechnischen Erhöhung boten die Nischen noch einen anderen unschätzbaren Vorteil. Dort saß man zu zweit oder in kleiner Gruppierung, durch Seitenwände vor mißliebigen Seitenblicken geschützt und von Barrieren nach vorn hin abgeschirmt. Dort knisterten nicht allein Bonbontüten, sondern auch Dederonblusen und Strumpfhosen, nicht bloß Heimchen zirpten in Heizungsnähe, sondern auch Reißverschlüsse in engen Jeans.

Vielleicht kam es wegen des speziellen Nischenverhaltens im März 1967 zu jenem außergewöhnlichen »Dokumentarfilmtag«, für den ein Zyklus annonciert wurde, dessen vier Filme unter dem Generaltitel standen: »Probleme der Sexualaufklärung für Jugendliche über 18 Jahre, Eltern, Erzieher und Pädagogen«. Die denkwürdigen Einzeltitel waren »Sagst du's deinem Kinde?«, »Weil ich kein Kind mehr bin«, »Partner« und »Keine Scheu vor heiklen Fragen«. Nicht verbürgt ist, ob die Stadtverwaltung ihre »Erzieher und Pädagogen« pflichtschuldigst wie Schafe in die Vorstellungen trieb und was diese dann in den Nischen trieben, während wie angekündigt zur 20-Uhr-Vorstellung »Herr Lothar Geipel, Mitglied der Bezirkssektion der Gesellschaft URANIA, einführende Worte« sprach. Ebenso wenig ist gewiß, ob irgend jemand bemerkt hat, wie heikel es ist, im Zusammenhang mit Aufklärungsfilmen Wörter zu benutzen wie »Mit-Glied« und »einführende«. In den »Ost«-Nischen weibliche Gesellschaft zu begehren und es mit ihnen knistern und zirpen zu lassen – davon war der Südvorstädter 1966 meilenweit entfernt. Erst im März 1969 vermerkt er in sein Kalendarium: Das erste Mal mit Freundin ins Kino, Schauburg, »Jungfer, sie gefällt mir«. Auch wenn mein persönliches »erstes Mal« ganz ohne einführendes »Mitglied der Gesellschaft Urania« auskam, mußte die Freundin meine Filmwahl und diesen Titel geradezu zwangsläufig mißverstehen. Keine Frage, das konnte nur schiefgehen.

Als ich im Juni 1966 dem »Ost«-Theater meinen ersten Solo-Besuch abstattete, wurde »Der Kapitän vom Tenkesberg« gezeigt, ein aus einer Fernsehserie zusammengeschnittener ungarischer Film, der als Mantel-und-Degen-Posse auf über 180 Minuten Laufzeit kam, deshalb in zwei Teilen gezeigt wurde und mein Taschengeld mit zweimal 25 Pfennigen belastete. Patriotisches Verständnis brachte ich vermutlich nicht auf. Mit der »Kuruzenbewegung«, die Ungarn aus dem »Habsburger Völkergefängnis« führen sollte, wie das Programmheft proklamierte, konnte ich nichts anfangen. Es war mir egal, welcher nationale Wind Fahnen und Standarten drehen ließ. Wahrscheinlich genügte es mir vollauf, daß drei Stunden lang Krummsäbel rasselten und Vorderlader rauchten.

Im August 1967 folgte mit »Die Fehde der Geier« erneut ein ungarisches Meisterwerk, dieses Mal in »Agascope« und »Eastmancolor«. Vorab hatte ich in Erfahrung gebracht, es handle sich um die Verfilmung des Romans »Ein ungarischer Nabob« von Mór Jókai, dem der Beiname »ungarischer Dumas« angehängt war. Ich dachte wohl, etwas wie »Monte Christo« oder »Musketiere« würde mich erwarten, aber ich saß in einer 13-Uhr-Vorstellung allein in Reihe 13 und langweilte mich. Wie immer beim Vergleichen wird auch hier gehinkt und beide Vergleichsseiten sind längst nicht die Seiten ein und derselben Medaille. So viel wußte ich schon. Entweder wird das vorbildhaft zum Vergleich Herangezogene gekränkt, weil es überhaupt als Vergleich herhalten muß. Oder das dem Vergleich Ausgesetzte sieht sich herabgewürdigt, weil es keines Vergleichs bedarf. Budapest – »Paris des Ostens«. Oder: Leningrad – »Venedig des Nordens«. Oder: »Elbflorenz«. Oder: die »Sputniks« – Beatles der DDR. Hier also: Mór Jókai – der »ungarische Dumas«. Obwohl mich die »Geierfehde« gelangweilt hatte, kam ich nicht umhin, zwei Tage später ihren zweiten Teil »Die Vergeltung« im Kino Großenhainer Straße zu sehen.

Was mich 1967 insgesamt 59 Mal ins Kino trieb, kam einer Sucht gleich, weitgehend unbemerkt, und wenn doch, dann nicht hinterfragt. Ich floh in die Dunkelheit der Kinosäle wie in fremde Träume, gleichgültig, wie sie ausstaffiert waren, gleichgültig auch, wer sich mir anschloß. Die Wirklichkeit spielte eine untergeordnete oder überhaupt keine Rolle. Ihr über den Lebensweg zu trauen oder ihr zu mißtrauen – die Frage stellte ich mir nicht, weil es so viel leichter war, den Träumen zu glauben. Wer kam schon auf die Idee, daß genau das beabsichtigt war. Progress, wie der Name des volkseigenen Verleihs denken ließ, hatte in keiner Weise etwas mit Fortschritt oder Verbesserung gemein, vielmehr verlieh er der Scheinheiligkeit neues Format.

Bevor beim Südvorstädter die Frage aufkommen konnte, ob das »Ost« vielleicht auf Filme aus den freundschaftlich verbundenen Ost-Republiken abonniert ist, antwortete die Programmgestaltung der Bezirksfilmdirektion mit einer spektakulären Entscheidung. Obwohl im 70-mm-Format für riesige Leinwände produziert, schickte sie im Oktober 1968 den Western »Cheyenne« von John Ford auf das Handtuch im »Ost«. Mich schickte ich, um genau zu sein am 30. Oktober 1968, 19.30 Uhr, in Reihe 9 auf Platz 12. Neben mir wie so oft Freund Reinhard, mit dem ich meistens durch die Dresdner Kinos zog. Er war größer als ich und hatte eine Narbe im Gesicht, was ihn sehr erwachsen aussehen ließ, im Gegensatz zu mir,

LM
R SIE
CHEYENNE
(Cheyenne Autumn)

„Cheyenne", USA

1878 – Die letzten des einst großen und mächtigen Stammes der Cheyenne sind auf der Flucht aus der aufgezwungenen Reservation. Knapp dreihundert Indianer werden gehaßt, verfolgt, gejagt von einem ganzen Land. Überall in den USA werden Truppen mobilisiert. Regimenter marschieren aus, um die Cheyenne zurückzutreiben. In Washington kommt es zu erregten Debatten, dem Innenminister wird nahegelegt, sofort abzudanken. Eine Welle der Hysterie hat das ganze Land erfaßt. Aufgepeitscht durch Sensationsberichte der Presse, zittern die Einwohner des Westens vor einer Handvoll verzweifelter, halbverhungerter, zu Tode erschöpfter Männer, Frauen und Kinder.

der ich ein Hänfling war. Seine Statur kam uns immer dann zugute, wenn es galt, Filme zu entern, die mit dem Prädikat P 18 belastet waren. Nachdem wir die P-14-Grenze erfolgreich genommen hatten, drohte uns, den wahren Filmfreunden, damit neues Ungemach. Im Schlepp von Freund Reinhard wurde uns jedoch die P-18-Frage nie gestellt. Jetzt also ein Western im »Ost«, der nicht P 18, aber mein erster John-Ford-Film war. In keiner Werbung für »Cheyenne« wurde versäumt, John Ford »mehrfacher Oscar-Preisträger« zu nennen, obwohl uns bis zum endgültigen Ende des VEB Film-Verleihs nicht einmal sein bekanntester Oscar-Film »Früchte des Zorns« erreichte. Da galt es, »unseren Menschen« zu erklären, weshalb ihnen dieser Spätwestern zugemutet wurde. Ganz auf Parteilinie war die für den Inhalt des Programmheftes verantwortliche Erika Köhler. Als ob der »mehrfache Oscar-Preisträger« dringend des Lobes der Parteilinie bedürftig gewesen wäre, schrieb Frau Köhler, Ford stelle sich »in beträchtlichen Gegensatz zu den in den USA landesüblichen Lesarten der Historie«. Schließlich würden sonst, »in den serienmäßig für Leinwand und Schmöker produzierten Wildweststories … die Indianer vorwiegend als Skalpjäger … dargestellt«, dagegen attestiert Frau Köhler den »Schöpfern« hier »eine realistische Gestaltung auf der Grundlage historischer Materialien«.

Das klingt so, als hätten »unsere Werktätigen« anstelle des Ford-Western lieber den Sowjet-Ostern »Schlacht unterwegs« gesehen, der seit seiner Premiere 1962 in Partei- und FDJ-Lehrjahren nicht totzukriegen war. Regisseur war Wladimir Bassow, der angeblich nichts mit den aus der Sowjetunion exportierten Arbeitsschutzinstruktionen, der sogenannten Bassow-Methode, zu tun hatte, Hauptdarsteller Michail Uljanow, der nicht mit Wladimir Iljitsch Uljanow verwandt gewesen sein soll. Obwohl, wie es hieß, dem XXII. Parteitag der KPdSU gewidmet, war, wie hinter vorgehaltener Hand gemunkelt wurde, die Schlacht in der Traktorenfabrik von fast 180 auf 145 Minuten begradigt worden. Mußte man sich das Unvorstellbare in etwa so vorstellen, daß jede Parteizentrale über einen eigenen Schneideraum verfügte, in dem die Filme nach den neuesten Direktiven, also nach Belieben, zurechtgestutzt wurden? Wer weiß, was die Zurechtstutzer den »Cheyenne« angetan hatten, um John Ford auf die Parteilinie von Frau Köhler zu bringen? Bemerkt haben Freund Reinhard und ich davon nichts, als es Oktober 1968 im »Ost« wild gen Westen ging.

Reprisentheater Schillergarten
Schillerplatz 9

Bevor der Südvorstädter seinen wirklich allerersten Western sehen durfte, mußte er die »Canaillen« über sich ergehen lassen. Kein Fahrrad, das die DEFA nicht neu erfand. Ob Kriminal- oder Zukunftsfilm, Historienklamotte oder Liebesschmonzette, Revue oder Musical, Kriegs- oder Partisanenfilm, die DEFA konnte es nicht nur auch, sondern immer noch besser. Also war es nur eine Frage der Zeit, bis die DEFA, nach all den französisch-italienischen Mantel-und-Degen-Filmen, »von oben« die Weisung erhielt: Das könnt ihr auch. So kam 1964 »Mir nach, Canaillen!« mit Manfred Krug in die Kinos, der mir Februar 1966 im »Schillergarten« über die Leinwand lief. Schon Friedrich Schiller soll dort beim Anblick der Gustel von Blasewitz großes Kino erlebt haben, was freilich meint, er saß in der »Fleischerschen Schenke« und die Gustel bediente ihn. Ob das wiederum eine »Sommerabenddreistigkeit« nach sich zog, ist nicht überliefert. Fest steht, die tolldreiste Vorlage für die DEFA-Canaillen hatte Joachim Kupsch geliefert, der ein paar Jahre in Dresden gewohnt hatte, bevor er als Biographienschreiber den Weg von Bredel zu Nietzsche ging. »So was lebt und Schiller mußte sterben«, pflegte Vater zu sagen.

Weil damals die Devise »es kann nur einen geben« noch nicht galt, gab es den »Schillergarten« zweimal, als Gaststätte und als Kino. Beide in beschaulicher Gegend an der Elbe mit »Blauem Wunder«, Café »Toscana«, »Vitaminbasar« und »Feinkost Fendler«. Das Besondere für einen Südvorstädter war, daß er den Schillerplatz ohne Umsteiger mit dem O-Bus erreichen konnte. Dieses käferähnliche Gefährt, das mit seinen langen Fühlern an einer elektrischen Oberleitung entlangglitt, querte die Stadt von Süd nach Nord, um schließlich in Bühlau am Heiderand und somit »im Grünen« zu landen. Aber wer ins Schillergarten-Kino wollte, dachte nicht ans »Grüne«. Obwohl das Kino fast im Grünen stand, beinahe verschämt im Hofgarten der HO-Gaststätte, unverdrossen über dem Eingang das Wort »Lichtspiele« und im Giebeldreieck eine stilisierte Sonne prangten, wollte der Kinogänger ins Dunkle. Alles bißchen rückwärtsgewandt, eben Reprisentheater, Nachspielkino, alte Hüte neuerlich aufgesetzt. Wie die schon etwas alt aussehenden »Canaillen«. Dafür hatte die DEFA das Jahr 1730 bunt angemalt und abgefilmt. »Mir nach, Canaillen!« wurde mit »Fanfan, der Husar« verglichen. Das ließ ich nicht gelten. Wer hätte ernsthaft Gérard Philipe, der den Fanfan gab, mit Manfred Krug, und Gina Lollobrigida mit Marianne Wünscher vergleichen wollen? Allesschauspieler Krug ritt und focht zwar wie der Teufel, blieb aber immer Manfred Krug. Sogar »unser schönes Dresden« wurde mißbraucht. Plötzlich sah August der Starke wie Schauspieler Erik S. Klein aus. Dabei hatte der gestern noch die Uniform eines Untersturmführers in »Nackt unter Wölfen« getragen. Verwirrung auf der ganzen Linie. Wer sollte sich da noch zurechtfinden? Ob allzu bekannte Schauspielergesichter jedweder Illusion abträglich sind? Vielleicht war deshalb das Manfred-Krug-Gesicht auf ewig verbunden mit dem Schauspielschüler Martin Hoff, der im DEFA-Film »Auf der Sonnenseite« das Lied sang: »Geh doch mal ins Kino, / da verfliegt die Wut. / Koche mit Liebe, würze mit Bino! / Hin und wieder tut ein DEFA-Lustspiel gut.« Die Betonung wird wohl auf »hin und wieder« gelegen haben, denn mit den DEFA-Lustspielen war das so eine Sache.

Sei es, wie es sei. Am 17. September 1966 hieß es auf der Reprisenleinwand »Zwölf Uhr mittags«, auch wenn, als es mit den drei obligaten Gongschlägen im Saal endlich dunkelte, der Dresdner Mittag seit Stunden Vergangenheit war. Der Vorhang ruckelte zur Seite. Vermutlich hielt ich die Luft an, saß wie erstarrt, wollte dem Holzklappsitz keine Gelegenheit geben, auf mein Atmen mit lautem Knarren zu reagieren. Jedenfalls drückte mir fortan irgendeine unbekannte Materie auf den Magen. Dem Südvorstädter muß

PROGRESS
film
PROGRAMM
56/65
12 UHR
MITTAGS
HIGH NOON

der Western als Standbildserie im Kopf gewesen sein, bevor der Film sie in Bewegung setzte, denn die Schauspielergesichter waren ihm eigenartig fremd und vertraut zugleich. Gary Cooper, Grace Kelly, Lloyd Bridges kannte er nicht und kannte sie doch. Wie sich die Bilder in den Gehirnkasten verirren konnten, wüßte vermutlich auch Sigmund Freud nicht zu erklären. Eine auf Wild-West orientierte frühkindliche Prägung lag beim besten Willen nicht vor. Nach Pioniernachmittagen und »Fünf Patronenhülsen« hätte sich vielmehr ein Brav-Ost durchsetzen müssen. Doch nicht Träger der Roten Fahne und kleine Trompeter, sondern Träger von Sheriffsternen und große Revolverhelden spukten mir im Kopf herum. Nicht mehr um Partisanen mit Kalaschnikows, sondern um Westmänner mit Winchester ging es. Und vorn ging endlich der Film ab.

Einer sitzt auf einem Stein, wartet, raucht Zigarillo. Neben ihm sein Pferd, raucht zwar nicht, wartet aber auch. Dann steht der Mann auf, Hut, Halstuch, unter der Weste ein kariertes Hemd und zwei sich kreuzende Patronengurte, an der Hüfte links wie rechts die Colts. Jetzt das Zigarillo im Mundwinkel, zusammengekniffene Augen zelebrieren angespannten Fernblick. Schnitt. Im Bild rechts oben ein zweiter Mann auf galoppierendem Pferd, kommt näher, quert die Bildmitte. Dazu das Tom-da-da-tom-da-da-tom-da-da-da, bis der Sänger einsetzt: »Do not forsake me, oh my darlin' on this our wedding day«.

Bereits die ersten Filmminuten versetzten mir zwei kleine Schocks. Eins. Die Bilder waren schwarzweiß, und das, obwohl ich auf Buntfilme aus war. Zwei. Das Lied berührte mich unangenehm, denn mit Country-Musik hatte ich nichts am Hut. Aber was hatte ich anderes erwartet? Die Beatles etwa? Mir lag von dem Lied die deutsche Fassung im Ohr, gehört auf einem immerzu gestörten Radiosender, Ronny hat's gesungen, einer aus der Freddy-Heino-Heintje-Fraktion, deren aus Talgdrüsen abgesonderte Heimattränen mir ziemlich verdächtig waren. Tom-da-da-tom-da-da-tom-tom-tom. »Sag' warum willst du von mir gehen? / Ich brauche dich und meinen Mut. / Will der Gefahr ins Aug' ich schauen, / Brauch ich Vertrauen, nur dein Vertrauen, / Dann wird am Ende alles gut.« Später erlaubte die obere Kulturbehörde auch noch dem Vorzeigeamerikaner und Cowboy vom Dienst, Dean Reed, das Lied in englischer Fassung unter dem Titel »High Noon« in die DDR und auf AMIGA einzubürgern, was mir den Film beinahe verleidet hätte. Aber zum Glück ging es im Film um mehr als um dieses Lied.

Die Geschichte von Will Kane beginnt damit, daß Gary Cooper seinen Sheriffstern abgibt, weil er Grace Kelly heiratet, dann aber von Frank Millers Rückkehr erfährt, der mit dem Mittagszug erwartet wird und sich für seine Jahre zurückliegende Verurteilung rächen will. Also steckt sich Cooper-Kane den Stern wieder an, um für Ordnung zu sorgen. In der Folge rücken alle von ihm ab, verkriechen sich in ihre Mauselöcher. Jeder will ihn loswerden, um seine Ruhe zu haben. Selbst seine Angetraute läßt ihn im Stich, will fort, kauft sich einen Einzelfahrschein. Überrascht sah der Südvorstädter, daß in einem Western keinesfalls aller fünf Minuten die Colts rauchen, jedenfalls in diesem nicht. Da schwingt die Saloontür hin und her, es werden Fäuste und laute Reden geschwungen, der Barbier schwingt das Rasiermesser über einem eingeseiften Kinn, Kirchenglocken schwingen im niedrigen Turm. Schließlich kommt der Mittagszug und mit ihm Frank Miller. Dann geht alles sehr schnell. Endlich sprechen die Colts. Plötzlich liegt einer wie tot im Dreck. Gleich dem Foto im Programmheft blinzelt Cooper-Kane durch zersplittertes Fensterglas. Grace Kelly nutzt ihren Einzelfahrschein nicht, rennt vom Bahnhof zurück in die Stadt, steht als Frau Kane doch noch ihren Mann, schießt einem Miller-Mithalunken aus dem Sheriffbüro in den Rücken. Man weiß schon nicht mehr, wann und wer genau da zu Tode gekommen ist. Hauptsache Cooper und Kane stehen noch aufrecht in einer Person. Cooper nimmt Grace Kelly in die Arme und von Kanes Weste den Stern, wirft ihn in den Straßenstaub der Westernstadt, steigt in die Kutsche und fährt davon. Tom-da-da-tom-da-da-tom-tom-tom.

Fortan wußte der Südvorstädter, was ein Western ist. Im Programmheft heißt es über den Film: »Mehrfacher ›Oscar‹-Preisträger und anderer internationaler Auszeichnungen«. Das erinnerte daran, wie wir Pennäler im Stadium leichter Trunkenheit den Trinkspruch intonierten: »Arthur Schramm, schreibender Arbeiter, Träger der Mainelke und anderer hoher staatlicher Auszeichnungen«. Keine Ahnung, ob ich nach dem Film vom Schillergarten-Kino zur »HOG Schillergarten« wechselte, weiß nur noch, daß mir nach dem Western die Wirklichkeit fremd war. Plötzlich überkam mich das Gefühl, als sei womöglich das sogenannte Leben ein einziges Reprisentheater, der Südvorstädter zum ewigen Nachholen verdammt, und »Blaues Wunder«, Café »Toscana«, »Vitaminbasar« und »Feinkost Fendler« wären nichts als Kulissen. Oder ging mir die Frage nach, was mit den Filmleichen geschieht, die der Held zurückläßt, wenn er sich aus dem Westernstaub macht. Vermutlich wußte der sonst ahnungslose Südvorstädter inzwischen, daß auch Leichen von Schauspielern dargestellt werden, diese also gar nicht tot sind, wieder ins Schauspielerleben zurückkehren, wenn die Kamera wegschaut. Aber was, wenn die Kamera nicht wegschwenkte, wenn der Film dort weiterginge, wo die Leichen im Dreck liegen? Kämen dann Leichenbeschauer, Sargtischler, Pfaffen und Bestatter zum Einsatz? Wüchsen damit die Einsatzmöglichkeiten für Kleinstdarsteller und Statisten? Aber nein. »Es wird nach einem happy end/ im Film jewöhnlich abjeblendt«, heißt es bei Tucholsky. Auch nach einer Schießerei wird »jewöhnlich abjeblendt«.

Zwei Monate später, November 1966, saß ich wieder im Schillergarten und wußte nicht, was mir »Der Schatz der Sierra Madre« für einen Schatz präsentieren würde. Dabei griff diese Reprise noch weiter zurück als »12 Uhr mittags«. 1947 gedreht, wurde der Film erst ab 1964 über die volkseigenen Leinwände geschickt. Während der Vorstellung knarrten nicht nur Dielen und Sitzreihen, auch rauschte es mächtig aus den Kinolautsprechern und man wußte nicht, ob es die verbrauchte Tonspur oder der ewige Wind der Sierra Madre war. Wie so oft kam für den Südvorstädter diese »Wiederaufnahme« einer persönlichen Premiere gleich. Einen ersten Film von John Huston gesehen. Erstmals den lakonischen Humphrey Bogart bewundert. Das erste Mal vom Schriftsteller B. Traven gehört. Obwohl das Programmheft den »Schatz« als »Abenteuerfilm« einstufte, war auch das zweifelsfrei ein Western. Erstens ging es um Gold, und Gold war immer der siamesische Zwilling vom Wilden Westen. Zweitens wurden Fäuste mehrmals um Trommelrevolver verlängert und unrasierte Gesichter von Hüten beschattet. Drittens stand auf der Besetzungsliste nur eine Frau, die jedoch nichts zu sagen hatte und nur einmal in der Rolle als Passantin durch das Bild irrte.

Und noch eine Schillergarten-Reprise sei erwähnt. Im Juli 1967 tauchte ein Film wieder auf, der so gut wie nicht totzukriegen war, »Die Elenden«, die seit 1959 durch die Kinos zogen. Teil I und II wurden am Stück gezeigt. 217 Minuten. Das verlangte Sitzfleisch. Die in Reihe angetretenen Klappstühle waren hart. Von Kinosesseln konnte keine Rede sein. Auch der gleichnamige Roman von Victor Hugo verlangte Sitzfleisch. Nach meinem Karl-May-Rausch gehörte der Hugo immerhin zu den ersten Büchern, zwei Bände »Bibliothek der Weltliteratur«, 13. Auflage, die ich mir im neu eröffneten »Haus des Buches« kaufte und in einem selbst gebauten Bücherregal aufstellte. Aber zurück zum Film. Wenigstens drei Gründe verführten mich dazu, ihn mit dem Prädikat »BB« zu versehen, was nicht Brigitte Bardot meinte, sondern »Besonders Bemerkenswert« heißen sollte: Der Film war bunt. Ich lernte nicht nur Jean Gabin kennen, sondern auch Bourvil, dessen Nase noch nicht so verquer im Gesicht lag wie in späteren Filmen. Und die DEFA hatte sich mit Pathé Cinéma Paris und SERENA-Film Rom zusammengetan. Ein wahrlich seltenes Ereignis. Ungeklärt blieb, in welcher Richtung dabei die oft zitierte »ideologische Diversion« im Spiel war, ob von Ost nach West oder von West nach Ost und ob überhaupt. Das hätte auch Gerhard Bienert nicht sagen können, der in den »Elenden« einen Gerichtspräsidenten verkörperte, ansonsten den seltenen Durchmarsch von Goebbels »Gottbegnadeten-Liste« zum DDR-»Nationalpreis« schaffte. Ganz neu war das freilich nicht. Schon zweimal war es zwischen DEFA und Frankreich zu Gemeinschaftsproduktionen gekommen. Auch dort schleppte das »Casting« ideologische Gewichte mit sich. In »Till Ulenspiegel« von 1956 wurde der mit allen denkbaren DDR-Orden behangene Erwin Geschonneck dem Tausendsassa Gérard Philipe zur Seite gestellt. Ein Jahr später gab Alt-Kommunist Hans Klering in »Die Hexen von Salem« Simone Signoret und Yves Montand das Geleit. Aber es sollten noch einige Jahre vergehen, bevor der Südvorstädter dieser Art von Reprisen auf die Spur kommen konnte.

Volks-Lichtspiele
Otto-Franke-Straße 12

Ein merkwürdiger Name war das schon. In jeder Beziehung. Rückblickend wie vorausschauend. Nach »volksdeutschen« Exzessen mit Volkssturm und Volksempfänger war die Silbe »Volk« ziemlich in Verruf geraten. Daran änderten auch Wortschöpfungen wie Volksarmee und Volkspolizei wenig. Im Gegenteil. Und von der Erkenntnis »Wir sind das Volk« waren wir noch Lichtjahre entfernt. Mag sein, das 1949 provisorisch eingerichtete Kino hieß anfangs »Bünau-Lichtspiele«, denn seine Adresse war Bünaustraße, was wohl Heinrich von Bünau meinte, einen Herrn im »Reichsgrafenstand«. Aber die »neue Zeit«, die mit uns zog, brachte »Reichsgrafen« aus der und ihre Widersacher in Mode. Also mußte ein neuer Namenspatron her. Die Wahl fiel auf Otto Franke, Kommunist der ersten Stunde. So wurde aus der Bünaustraße die Otto-Franke-Straße. Plötzlich aber scheuten sich die Namensumverteiler, auch das Kino nach Otto Franke zu benennen. Und weil gerade Volkswirtschaft und Volkseigentum mächtig im Schwange waren, entschied man sich kurzerhand für »Volks-Lichtspiele«.

Als delikat erwies sich auch der Standort des Kinos. Wenn dafür die Turnhalle der 35. Grundschule herhalten mußte, entsprach das vielleicht noch einer zeitbezogenen Normalität. Daß sich das aber im Hinterhof der katholischen Kirche St. Antonius abspielte, der an den Neuen Annenfriedhof grenzte, kam einer stadtteilbezogenen Kulturrevolution gleich. Obwohl niemand die Frage zu stellen wagte, hing sie vor den Volks-Lichtspielen sprachspielerisch in der Luft. Würde das Volk dort hinter oder vor das Licht geführt werden? Wegen seiner zurückgezogenen Lage galt das Kino beinahe als Geheimtipp. Von der Kesselsdorfer kommend, bog man in die Otto-Franke-Straße ein, ging bis zum Schulzaun, um dann in den Hof einzuschwenken. Zuvor noch den Kino-Schaukasten am Zaun beachten, sehen, ob der gewünschte Film auch wirklich gegeben wird. Ausgerechnet dort sollte ich am 29. Januar 1967 prädikatstechnisch volljährig werden.

Seit wir die P-14-Hürde genommen hatten und Pennäler geworden waren, kamen wir uns so oder so voll in die Jahre gekommen vor. Altersmäßig auferlegte Grenzen versuchten wir zu ignorieren. Einzig dieses P 18 stand noch als Hindernis zwischen uns und einigen Filmen. Wir nannten, was uns verwehrt sein sollte, »schweinisch«. Keiner wußte Genaues. Vermutet wurden tiefe Einblicke auf sonst verborgen bleibende Haut, Beine mit Überlänge, Küsse im Breitwandformat. Aber an diesem kalten Januarnachmittag 1967 hatten Schulfreund Reinhard und ich uns für die 17-Uhr-Vorstellung von »Der Hund von Baskerville« entschieden, bei dem wir nichts »Schweinisches« vermuteten. Über das Titelfoto im Volks-Lichtspiel-Schaukasten war schräg eine Banderole geklebt, auf der uns drohend entgegengehalten wurde, daß dieser Film für Personen unter 18 Jahren nicht zugelassen sei. Vielleicht, weil auf dem Programmtitel zwei Männerhände, die wir Sherlock Holmes und Dr. Watson zuordneten, Revolver hielten und mit diesen scheinbar direkt in das Gesicht des Betrachters zielten? Unter Freunden hieß es, das sei ein »Gruselfilm«. Das Wort »Horror« war noch nicht bis in unseren Sprachgebrauch vorgedrungen. Vielleicht gruselte uns ein wenig, weil die Sonne schon vor um fünf verschwunden war und die Friedhofsmauer in Sichtnähe vor sich hin dunkelte. Freunde wußten, im Film würde ein Hundeungeheuer durch das Dartmoor hetzen, Menschen umbringen, und zwar in Technicolor. Von »Nervenkitzel« war die Rede. Wollten wir das wirklich sehen? Was wir wollten, war endlich die Probe aufs Exempel, ob wir die 18er Schranke umstoßen konnten, um uns ganz andere Möglichkeiten zu eröffnen, als einen wahnsinnigen Hund in Technicolor zu sehen.

PROGRESS
film
PROGRAMM
68/64
DER HUND VON
BASKERVILLE

Es ist denkbar, daß ich passend zum Wintertag meine Skistiefel angezogen hatte, um drei Zentimeter größer zu erscheinen. Wahrscheinlich hatte ich mich sogar um weitere fünf Zentimeter erhöht, indem ich mir mit einer Bommelmütze den Kopf verlängerte. Aber das wichtigste Hilfsmittel, um dem P 18 gerecht zu werden, waren dampfende Zigaretten. Wir rauchten, was unsere Lungen zu inhalieren vermochten. Wir husteten laut und vernehmlich ab. Wir gaben uns rüpelhaft, machten mit unseren Milchbärten auf halbstark, obwohl wir nichts anderes als halbe Portionen waren. Viel später fand ich heraus, daß das ein weit verbreitetes Mittel war. Schon Joseph Roth hat über die Erstürmung des Wiener Praterkinos geschrieben: »Man kann der Minderjährigkeit entgehen, wenn man mit Rücksichten auf seinen Nebenverdienst zehn ›Sporteln‹ verlangt und also durch Nikotinismus Kinoreife beweist.« Ohne 1967 von Joseph Roth zu wissen, hielten wir uns daran. Zwar konnten wir nicht mit einer Zehnerpackung »Sport« von Austria Tabak prahlen, aber auch so, mit Glimmstengeln von Bulgartabac, »BT« oder »Stewardess«, kamen wir uns großartig vor und passierten die Einlaßkontrolle unangefochten. Zugegeben, »Baskerville« hatte, unterstützt von Moornebel und Hundegeheul, mehr Spannung als jeder DEFA-Krimi, aber unter P 18 hatten wir uns ganz etwas anderes vorgestellt.

Erst am 18. Juni 1971 lockte wieder ein »P 18er« nach Löbtau. Es schien selbstverständlich zu sein, daß wegen Vornamensvetternschaft »Der Mann mit dem goldenen Arm«, eine Reprise aus dem Jahr 1955, in die »Volks-Lichtspiele« gehörte. Ein Otto-Preminger-Film in der Otto-Franke-Straße. Da war der Südvorstädter längst jeglichen Prädikatsvorgaben entwachsen und kaufte den auf »Klassenkampf« programmierten Programmheftautoren immer weniger ab. Wenn dort Otto Preminger ein »Wiener Regisseur« genannt wurde, war das zwar biographisch nicht verkehrt, klang aber trotzdem für einen kurzen Moment so, als wolle man ihn, der 1935 in die USA ausgewandert war, »heim ins Reich« holen, und seine Hauptdarsteller, Frank Sinatra und Kim Novak, vermutlich gleich mit.

Stephenson-Lichtspiele

Stephensonstraße 46

Leuben und Stephensonstraße, ein Kapitel für sich. Eigentlich fuhr man da nur durch oder vorbei, wenn es nach Kleinzschachwitz und weiter über die Elbe mit der Fähre nach Pillnitz ging. Höchstens, daß die Eltern ab und zu die »Leubener Operette« besuchten und von den »Vier Brummers« sprachen, die dort ihre Karriere begonnen hatten. Aber Kino? Das war zu weit draußen.

Erst als ich von Film zu Film durch die ganze Stadt jagte, kam ich zwangsläufig auch in die Stephensonstraße. Das erste Mal im Februar 1967. Gezeigt wurde der Mosfilm »Die Rechnung geht nicht auf«. Ein Agentenfilm, der »Dr. Sorge« nicht das Wasser reichen konnte, auch nicht »007«, von dem wir sowieso nur gerüchteweise wußten. Allenfalls gab es Gemeinsamkeiten mit »08/15«, was bedeutete, bis in die unendliche Weite der Taiga und in die Untiefen der Köpfe hinein nichts als schwarzweiße Bilder. Die Moral von der Geschichte verkündete wie so oft das Programmheft vom VEB Progress: »Agenten haben in der Sowjetunion keine Aussichten auf Erfolg. Der fein eingespielte Apparat der Abwehr und die moralische Überlegenheit der Sowjetbürger sind nicht zu überwinden.«

Dann, ein Jahr später, verbreitete sich in Windeseile die Nachricht, im Stephenson wäre »Winnetou« zu sehen. Gemeint war natürlich nur Winnetous zweites Ich, bekannt als Pierre Brice, der am 20. Januar 1968 in Leuben einen Römer in »Der letzte große Sieg der Daker« gab. Wir fragten uns ernsthaft, ob das mit rechten Dingen zuging, ob sich vielleicht ein Oberindianer in der Berliner Zentrale geirrt hatte und wie lange wohl sein Irrtum vorhalten würde. Umso mehr glaubten wir, uns sputen zu müssen, obwohl der Film erst eine Woche im Programm war. Andererseits hatten

DER LETZTE
GROSSE SIEG
DER DAKER

Briesnitz, Parklicht, West und Reick

Es gab Kintöppe, in die sich der Südvorstädter so selten verirrte, daß er mit ihnen kaum eine Geschichte verbindet. Sie fanden sich entweder entlegen am Stadtrand oder in Stadtvierteln, die ihm wenig geläufig waren. Der Verleih geizte so sehr mit umlaufenden Kopien, daß zumeist nur eine einzige nach und nach durch alle Häuser tingelte, monatelang, mitunter jahrelang. Dafür brachte der Südvorstädter keine Geduld auf. Was ihn interessierte, wollte er bald sehen. Dafür kamen nur Schauburg oder Faun-Palast in Frage, später noch Kulturpalast und Rundkino. In den randständigen Kinos wurde nachgeholt. Für den Südvorstädter waren sie allesamt Reprisentheater. Dabei war die Entdeckung eines noch nie besuchten Kinos ebenso reizvoll wie die eines noch nicht gesehenen Films. Immer war das allmähliche Anschleichen an die neuen Gegebenheiten mit ein wenig Aufregung verbunden. Wo ist die Kasse? Gelangt man vom Vorraum direkt in den Saal oder erst in einen Gang? Sind die Sitze gepolstert oder Holzklasse? Gibt es Vorhänge vor den Türen? Welche Lampen hängen im Saal? Wie klingt der Gong? Alles fühlte sich neu an, als würde die Gewöhnung ausgehebelt, das Bekannte zurück auf null gestellt.

Filmeck Briesnitz

Altbriesnitz 2a

Eine Schwester war nach Leutewitz gezogen, in den tiefsten Dresdner Westen. Wenn wir von dort Am Lehmberg hinuntergingen und die Alte Meißner Landstraße querten, standen wir schon vorm »Filmeck«. Ein schönes Eckhaus, das als Gasthof gebaut worden war, wo im Ballsaal seit 1933 Filme liefen. Ins »Zschonergrundbad«

oder in den Omsewitzer Grund sind wir vermutlich lieber gegangen als ins »Filmeck«, denn dort sind nur zwei Besuche vermerkt. Am 29. Februar 1968 »Dschungel in Paris« und am 31. Mai 1971 »Der Reigen«. Den französischen schwarzweißen »Dschungel« hatte Progress vielleicht im Paket mit anderen Ladenhütern günstig erwerben können, denn er hatte schon zehn Jahre alten Staub angesetzt, was auch für seinen Hauptdarsteller Lino Ventura galt. Ein Mann mit Allerweltsgesicht, das mich bei flüchtiger Beleuchtung an Alfred Müller denken ließ, wenn nicht an den Schauspieler Müller, dann an den tausendfachen Müller, wie er uns alltäglich begegnen konnte. Anderer Art war dagegen »Der Reigen« von Roger Vadim. Der Regisseur hätte mir schon seit 1956, seit seinem Film »... und immer lockt das Weib« ein Begriff sein können. Aber auch dann, wenn den Südvorstädter die Gnade später Geburt nicht belastet hätte, wären mir diese Lockungen nicht begegnet. Denn Progress hatte sich nie zum Kauf des lockenden Weibes, das Brigitte Bardot im wahrsten Sinne des Wortes verkörperte, entschließen können. Auch »Der Reigen« war vorsichtshalber mit P 18 deklariert. Weil dort der Plural des Weibes in Gestalt von Anna Karina, Jane Fonda und Catherine Spaak lockte, hätten die Wächter über Sitte und Moral den Film vermutlich gern erst ab 21 Jahren zugelassen, andererseits wollten sie sich vielleicht doch nicht mehr als sowieso schon geschehen der Lächerlichkeit preisgeben. Sogar die Herren waren sehenswert: Jean-Claude Brialy, Maurice Ronet, Jean Sorel. Die »Reigen«-Vorlage stammte von Arthur Schnitzler, dessen Literatur ebenso wenig zum allgemeinbildenden Stoff polytechnisch erweiterter Schulen gehörte wie die von Wedekind oder Werfel. Die Rede war von einem »Skandalstück«. Das mußte einfach jeden Talbewohner interessieren. Entsprechend schwierig war es, an Karten heranzukommen, zumal der Film erst seit Februar in den Kinos war.

Wie genau der Südvorstädter aufgepaßt hat, bezeugt sein Erinnern an den Fortgang der Dinge, besser gesagt den fortwährenden Partnertausch. Der Reigen ging so: Dirne und Soldat, Sol-

Der Reigen
FILM
FUR SIE

dat und Stubenmädchen, Stubenmädchen und junger Herr, junger Herr und junge Frau, junge Frau und Ehemann, Ehemann und süßes Mädel, süßes Mädel und Dichter, Dichter und Schauspielerin, Schauspielerin und Graf, Graf und Dirne. Hilfreich hielt der Obergenosse von Progress im Programmheft eine Erklärung dafür bereit. Schnitzlers Werk zeichne nämlich »tiefes Wissen um die Fragwürdigkeit der bürgerlichen Moral« aus. Und der Zuschauer erführe überaus deutlich des Dichters Absicht, »die Stellung der Frau in jener Gesellschaft genau zu bestimmen«. Ach was. Oberflächlich und vordergründig drängte sich mir nicht das erste Mal die Frage auf, ob diese Begrifflichkeit »Stellung der Frau« nicht etwas verfänglich ist, wenn es um Sex geht?

Park-Lichtspiele

Bautzner Landstraße 6

Weil das Hotel vis-à-vis »Park-Hotel« hieß, wurde das Kino der Einfachheit halber »Park-Lichtspiele« genannt. Obwohl allein auf den »Kurpark« bezogen, kam mir der ganze Weiße Hirsch wie eine einzige Parkanlage vor. Das war eine Welt für sich. Nach der Klassifizierung als »Arbeiterkind« hatte ich dort nichts verloren. Auch wenn der Hirsch von der Südvorstadt aus bequem mit dem Hechtwagen der Linie 11 zu erreichen war, fuhr die Familie so gut wie nie dorthin. Wenn überhaupt, dann ging es bei Sonntagsausflügen mit der Standseilbahn vom Körnerplatz hinauf zum Luisenhof. Viel weiter kamen wir nicht. Auch als spätpubertärer Pennäler kam ich auf dem Hirsch nicht viel herum. Eine Tischtennisfreundin auf der Plattleite. Eine Konzertfreundin auf dem Silberweg. Aber die ganz große Liebe erwuchs daraus nicht. Weder zum Hirsch noch zu Tischtennis. Nichts weiter als hormonell bedingte platonische Wirrungen.

Und doch sollte sich mir der Hirsch eines Tages noch einmal von einer überaus sympathischen Seite zeigen. Der Deutschlehrer, sonst mit Lektüreempfehlungen geizend, hatte in den Abiturtagen den nicht zum Lehrplan gehörenden Heinrich Böll erwähnt. Talseitig noch ahnungslos, wie es im Volksbuchhandel zuging, daß ich mich vielleicht hätte erkundigen müssen, womit die Verlage in dieser Saison gedachten, ihre Papierkontingente aufzubrauchen, fragte ich in vielerlei Buchgeschäften nach Böll. Zumeist erntete ich ein mitleidiges Lächeln. Oder ich wurde gar mit auffallender Mißachtung gestraft, weil man vermutlich dachte, ich würde mir einen Scherz erlauben. Ich weiß nicht mehr, wie ich darauf kam, auch auf dem Hirsch nach Böll zu fragen. War es gar ein Wink der platonischen Freundinnen? Unweit der Bautzner jedenfalls, gleich zu Beginn der Plattleite, fand sich eine Buchhandlung, die nicht »Volks-« als Vorsilbe, sondern Hille im Namen trug. Als ich dort den Namen Böll nannte, wurde mir zwar zuerst auch ein mißtrauischer Blick über die Ladentafel gereicht, dem aber ein Griff unter dieselbe folgte, von wo ein bereits eingetütetes Etwas erschien, das dezent auf mich zugeschoben wurde. Ich war so verdutzt, daß ich, ohne zu wissen, was es war, die Katze in der Tüte kaufte, indem ich die von mir geforderten 2,50 Mark der DDR anstandslos entrichtete. Als ich schon im Gehen begriffen war, wurde mir vom Buchhändler noch die Bemerkung nachgereicht, die einer abschließenden Bedingung glich, ich möge doch bitte nie wieder nach einem Buch von Böll fragen. Erst als ich schon wieder im Hechtwagen Richtung Südvorstadt saß, wagte ich einen Blick in die Tüte. Was ich zu sehen bekam, ließ mein Herz in einer Weise höherschlagen, wie es bisher nur ein ungelesenes Karl-May-Buch vermocht hatte. Zum Vorschein kam von Böll »... und sagte kein einziges Wort«, Insel-Bücherei Nr. 923.

Nachdem das »Park-Hotel« 1914 eröffnet worden war und seine Gäste zunehmend der damals noch »neuen Kunst« frönen wollten, wurde im Saal des Kurhauses ein modernes Kino mit 400 Plätzen eingebaut und 1938 eröffnet. »Park-Lichtspiele«. Ein feiner Name. Geschwungene Leuchtbuchstaben an der Hauswand. Man wollte etwas Besseres sein. Nicht nur Kasse, auch Garderobe. Die Stühle nicht Holz, sondern gepolstert. Nicht nur Vorhang, auch indirekte Beleuchtung seines Faltenwurfs.

Als ich mich am 10. September 1971 das erste Mal ins »Park« verirrte, lief der umstrittene schwedische Film »Prinzessin«, in dem die hübsche Grynet Molvig eine Krebskranke spielte, die durch Schwangerschaft und Geburt geheilt wird. Ich könnte mich irren, wenn ich behauptete, daß da der Hecht noch aus der Südvorstadt zum Weißen Hirsch fuhr. Worin ich mich keinesfalls irre, daß der Besuch weder allein noch mit Freund Reinhard geschah, sondern mit K., woraus mehr als die Filmpartnerschaft für einen Abend wurde. Nachfolgende Besuche im Park griffen weit in die 1970er und spätere Jahre voraus. 1972 »Junge Frau in Frankreich« mit der wunderbaren Marina Vlady sowie »Der Löwe im Winter« mit Peter O'Toole, Katharine Hepburn und Anthony Hopkins in einer seiner ersten Rollen. 1974 »Andrej Rubljow« von Tarkowski. 1976 »Szenen einer Ehe« von Bergman. Im Grunde führten Hecht, Hirsch und Park dem Südvorstädter mehr geistige Nahrung zu, als er sich eingestehen wollte.

Rathaus-Lichtspiele/Filmtheater West

Raimundstraße 1

Stadtteil Cotta. Ursprünglich ein »slawisches Gassendorf«. »Frosch-Cotte«, sagten die benachbarten Löbtauer spöttisch. Daraufhin redeten die Cottaer von »Kuh-Löbte«. Für den Südvorstädter bestand die Gegend eine Zeitlang nur aus Hebbelstraße und Hebbelbad, einem Hallenbad, in dem er Schwimmunterricht hatte. Er sah sich als bleierne Ente an der Haltestange des Schwimmlehrers hängen, witterte Jahre noch Bedrohung bei Chlorgeruch und lehnte deshalb die Werke des Dichters Hebbel strikt ab. Trotzdem besuchte er, wenn auch zögerlich, das als Gegenstück zum »Ost« schräg gegenüber vom Cottaer Rathaus stehende »West«, das vormals »Rathaus-Lichtspiele« hieß und schon 1923 in den Ballsaal des Gasthofes installiert worden war. Wenn es Hebbel-Kino genannt worden wäre, hätte er vermutlich niemals einen Fuß in das Gebäude gesetzt.

Als meine Filmauswahl noch vom Alles-oder-nichts-Prinzip bestimmt war, sah ich am 10. September 1966 im »West« den ungarischen Kriminalfilm »Licht hinterm Vorhang«. Die agierenden Agenten waren so belanglos, daß nur ein Wunsch zählte: Es möge bald wieder Licht vorm Vorhang werden. Das einzig wirklich Interessante, was von diesem Besuch blieb, ist die Eintrittskarte, auf der noch »Rathaus-Lichtspiele« heißt, was sich seit 1964 »Filmtheater West« nannte. Ein Schlupfloch für nimmersatte Filmenthusiasten waren die in etlichen Kinos gegründeten Filmklubs. Zeitweilig konnte es schwierig werden, die Übersicht zu behalten, weil Klubprogramme nicht immer Teil der wöchentlichen Filmvorschauplakate und -annoncen waren. Bald gab es auch einen Klub im »West«. Am 25. Oktober 1973 bescherte man uns in einer beinahe konspirativen Veranstaltung »M« von Fritz Lang. Dabei wurde mir einmal mehr bewußt, daß die Vergangenheit nicht aufzuholen war. Langs Film von 1931 steuerte mich unmittelbar in einen Zeitschock. Vierzig Jahre waren seither vergangen und der Südvorstädter feierte den Film wie eine Premiere. Die Schauspielerliste las sich teilweise wie eine Totenliste. Peter Lorre, Gustaf Gründgens, Paul Kemp. Auch hatte sich die Kugel gedreht, mit ihr die Filmwelt, die, von ideologisierten Himmelsrichtungen befrachtet, getrennte Wege ging. Theo Lingen hatte es in Österreich zu einem näselnden Komiker gebracht. Lotte Loebinger und Gerhard Bienert waren als vorzeigbare Sozialisten ins DEFA-Lager gewechselt. Aber in »M«, was bekanntlich »Mörder« meint, aber auch »Meisterwerk« heißen könnte, waren sie alle noch vereint.

Und noch etwas bleibt untrennbar mit dem »West« verbunden. Im Juli 1977 lief der schwedische Kinderfilm »Dunderklumpen«. Eine selten gesehene Mischung aus Trick- und Realfilm begeisterte und ein »Dummerle« beflügelte die Phantasie, das nicht nur Film- sondern auch Familien-Geschichte schrieb.

Kleines Theater Reick

Reicker Straße 89

Nur wenige Höhepunkte sind in Erinnerung geblieben, die mit dem »Reick« verknüpft sind. Da wohnte der Südvorstädter schon nicht mehr in der Südvorstadt, war zweifacher Familienvater und schlug sich als Ingenieur durchs Berufsleben. Am 16. Oktober 1979 spielte kein anderer als Ray Charles die Hauptrolle in der umgebauten Turnhalle. Nachdem die Beatles schon 1970 am Ende angelangt

FILM
FÜR SIE
RAY CHARLES IN
HALT DIE
TASTEN
HEISS
(BLUES FOR LOVERS)

waren und für ein Engagement in Reick nicht mehr zur Verfügung standen, gestattete ich mir die eine oder andere Erweiterung meiner Hörgewohnheiten. Obwohl »Halt die Tasten heiß« schon seit 1968 durch die Kinos getrieben wurde, waren die Tasten auch elf Jahre später noch nicht abgekühlt. Zwar war der Film sentimental, und dem Ton fehlten Klang und Tiefe, die mich hätten in den Klappstuhl drücken können, aber Ray Charles blieb unbezahlbar. Wirklich? Für 1,20 Mark war ich dabei. Als der spätere »Monarch der Bunten Republik Neustadt« im »Reick« die Karten abriß, eine Kinoangestellte die Vorhänge der seitlichen Ausgangstüren regelmäßig fünf Minuten vorm Filmende zur Seite und die politische Bühne »Schicht« das Kino zunehmend an sich riß, lebten wir bereits auf ein gewendetes Leben zu.

Freilichtbühne Junge Garde
Volkspark Großer Garten

Wer eine geballte Ladung Sachsentum erleben wollte, mußte entweder ein Spiel von Dynamo oder einen Film in der Freilichtbühne des Großen Gartens sehen. Nirgendwo sonst frönten Dresdner Sachsen ihrer eingebildeten Gemeinschaft deutlicher als dort. Selten kamen sie sich näher. Im Stadion Schulter an Schulter. Vor der Bühne Bein an Bein. Hier wie dort sächsische Urlaute. Beinahe entstand so etwas wie Gemütlichkeit. Damals festigte sich der Eindruck, die so genannte gemeinsame Sache bündelte sich einzig und allein in den zwei Wörtern Dynamo und Garde. Die offiziellen Namen benutzte kaum einer. Selten war unter Fußballanhängern die Rede vom Harbig-Stadion. Man ging zu Dynamo. Keiner von uns sagte Freilichtbühne Junge Garde. Das wäre zu nahe am Morgenrot-Lied gewesen. »Wir sind die junge Garde des Proletariats«. Ach nein, »ihr Kampfgenossen all«, diese Töne hatten wir über.

Das eigentliche Zauberwort hieß: Sommerfilmtage. Einmal im Jahr eine Woche lang jeden Tag Filmpremieren – das war paradiesisch. Und in der Luft lag schon das unübertreffliche Vorgefühl kommender Sommerferien. Zeitweilig konkurrierten Garde und Konzertplatz Weißer Hirsch miteinander. Wir bevorzugten die Garde. Sie kam uns handfester, untergründiger vor als der Hirsch, der uns abgehoben und spießig zu sein schien. Wie das Wort schon klang! Konzertplatz! Das ließ an Paluccamädchen und Chorknaben, an Professorensöhnchen und Ärztetöchter denken. In der Garde dagegen ging es bunt und kariert zu. Da wurden auch mal Wurstzipfel oder Apfelgriebse zu Wurfgeschossen, oder Luftballons stiegen auf, zwischen deren Farbigkeit sich auffallend blasse Varianten mischten, aufgeblasene »Gummifuffzscher«, die widernatürlich groß und geradezu behäbig, aber von Gejohle begleitet durch die Zuschauerreihen schwebten. Die Garde bot das, was alle anderen Kinos nicht bieten konnten. Es wurde geraucht, getrunken und gegessen. Dabei mußte mit Nacht und Wetter gerechnet werden. Keiner dimmte mit einem Schalter das Licht, niemand nahm die Heizung in Betrieb. Die Nacht kam so oder so. Warme Sachen, Pullover, Jacken und für den Fall der Fälle Regenplanen gehörten zum Handgepäck. Gut beraten war auch, wer Sitzkissen mitbrachte. Die Nacht konnte Mond und Sterne wie Kulissen aufziehen und sie für eigene Inszenierungen sorgen lassen. Vom Großen Garten wehte es Gerüche von Bäumen, Sträuchern und Wiesen herüber. Wind fuhr mitten in die Filmdialoge hinein. Nachtfalter und Glühwürmchen zogen gleich blinden Passagieren mit den Lichtbündeln der Projektoren auf große Reise. In die Garde ging man nicht allein, man ging in Gesellschaft. Bei freier Platzwahl wurden ganze Reihenteile für Freunde reserviert. Wer zuerst kam, mahlte zuerst.

Am 24. Juni 1968 hatten die Erziehungsberechtigten ein Einsehen. Ich war reif für meinen ersten Nachtbesuch der Garde. Halb neun sank die Sonne. Gerade rechtzeitig. Um neun begannen »Die amourösen Abenteuer der Moll Flanders«. Ausverkaufte Erstaufführung. In den allgemeinen Hinweisen »an unsere Besucher« hieß es, daß alle P-6-Filme »bei Veranstaltungen ab 21 Uhr nur für Jugendliche über 14 Jahren zugelassen« sind. Mit Ausrufezeichen. Ordnung mußte sein. Für die amouröse »Moll Flanders« galt P 16. Die Prädikate bereiteten dem Südvorstädter kaum noch Aufregung, dafür erhöhte das Wort »amourös« seine Erwartungen. In der Werbung hatte er von einer »Odyssee der Moll Flanders durch die Betten der Wohlsituierten« gelesen. Er hatte schon von »Prostituierten« gehört, jetzt also die »Wohlsituierten«. Das konnte ja heiter werden. Da war der Südvorstädter froh, daß er eine Oberschule besuchte und über Nachschlagewerke verfügte, die hinlänglich über »Odyssee« und »Wohlsituierte« aufklärten. Was das »Amouröse« betraf, verlangte mich nicht nach Aufklärung. Das würde sich irgendwann von selbst klären, dachte ich, wenn ich überhaupt darüber nachdachte.

Gleich nach der amourösen Premiere von »Moll Flanders« erreichte den Südvorstädter ein Brief vom »Informationsdienst Filmstelle Dresden«. Er wird als »Lieber Jugendfreund!« angesprochen, man vermutet, daß auch er zu den Besuchern der »Sommerfilmtage« zähle. Die »Filmstelle« halte eine Überraschung bereit. Sie lädt den »Jugendfreund« für den 27. Juni zur Premiere von »Heißer Sommer« in die »Garde« ein. »›Heißer Sommer‹, der heitere DEFA-Streifen in Farbe und Totalvision« gehöre zu den »Spitzentiteln« der VII. Sommerfilmtage, sei ein »spritziger Musikfilm von jungen Menschen und sonnigen Tagen. In den Hauptrollen seht Ihr Eure Schlagerlieblinge Chris Doerk und Frank Schöbel.« Hier stutzte der Südvorstädter. Woher wollte die »Filmstelle« wissen, wer meine »Lieblinge« sind? Chris Doerk? Undenkbar. Und Frank Schöbel? Ich hatte ihn einmal auf der Bühne beim Pressefest gesehen. Das war 1964, ich noch keine 14 und Schöbel uniformiert, weil er zum »Erich-Weinert-Ensemble« der Nationalen Volksarmee gehörte. Er sang »Looky-Looky«. Das gefiel mir. Aber nur so lange, bis kurze Zeit später die grüne AMIGA-Platte mit dem »Yeah, Yeah, Yeah« bei mir einschlug. Außerdem lud der Filmstellen-Brief zum Gespräch mit prominent besetzter Künstlerdelegation ein, das nach der Freilichtvorstellung, gegen 23 Uhr, auf der »Garde«-Bühne stattfinden würde. Um Zugang zu erlangen, müsse ich nur beiliegende Freikarte den »Ordnern« vorzeigen. Wer hätte da widerstehen können? Trotzdem stutzte der Südvorstädter erneut. Gerade erst hatten die Erziehungsberechtigten meinem ersten »amourösen Abenteuer« mit der Garde zugestimmt, da wollte ich mich auf ein fast mitternächtliches Treffen mit Prominenten einlassen, die angeblich zu meinen Lieblingen gehörten? Aber wer »Jugendfreund« war, der konnte sich scheinbar alles erlauben. Um neun Film in der Garde, um elf Gespräch mit Filmdelegation, das ich zum Einsammeln von Autogrammen nutzte, um eins im Bett.

Das Muster kommender Sommerfilmtage bescherte regelmäßig ausverkaufte Abende. Eine DEFA-Komödie mit oder ohne Musik, einen DEFA-Indianerfilm, einen Film mit Louis de Funès,

Heisser Sommer

möglichst als Balduin, einen Olsenbandenfilm, einen Edgar-Wallace-Film und zumeist einen historischen Schinken aus einem der »sozialistischen Bruderländer«. Der Sommer 1970 sorgte mehrfach für Kippsituationen. Wir bekamen das Reifezeugnis, ohne wirkliche Reife zu besitzen. Es gab ein letztes Mal Sommerferien. Aus Pennälern wurden Studenten oder Soldaten. Als geborene

Altmarkt-Autogrammstunde

Autogramme kilogrammweise. Als Auftakt zur Premiere des DEFA-Musikfilms „Heißer Sommer", erfüllte Hauptdarsteller Frank Schöbel vorgestern nachmittag eine Stunde lang Autogrammwünsche. Vorwiegend junge Dresdnerinnen umlagerten seinen Stand, den man unter freiem Himmel auf dem Altmarkt vor dem Eingang zum CENTRUM-Warenhaus aufgebaut hatte. Frank konnte sich keine Verschnaufpause leisten. Für Sigrid, für Monika, für Heidemarie... Auch die übrigen Mitglieder der DEFA-Delegation – Gäste des Werbeaktivs und eines Verkaufsaktivs des CENTRUM-Warenhauses – mußten den Schreibstift zücken.

Zur abendlichen Aufführung in der ausverkauften „Jungen Garde" setzte sich die Begeisterung fort. Nach dem Happy-End stellte O. F. Weidling den einheimischen Filmfreunden die Gäste vor. Frank Schöbel galt dabei der herzliche Beifall u. a. Regisseur Joachim Hasler, Drehbuchautor Maurycy Janowski, sowie den Darstellern Madelaine Lierck mit Papa Werner Lierck. Zum Abschluß gab es ein vormitternächtliches Bühnengespräch zum Thema „Heißer Sommer". Unterdessen kann man bereits mit dem Zusammenrechnen beginnen. Die erste Welle der Sommerfilmtage in der „Jungen Garde" ist vorbei. Sie brachte über 35 000 Besucher. Vier der insgesamt sieben eingesetzten Filme waren restlos ausverkauft. Die „Junge Garde" spielt gegenwärtig noch einmal alle Beiträge, außerdem sind die Sommerfilmtage in der Freilichtbühne Konzertplatz Weißer Hirsch aktuell. H. F.

»Jungfrau« war ich auf dem besten Weg, den gleichnamigen Status zu verlieren. Der Blick in den Spiegel ergab, daß der Bartwuchs nicht mehr lange auf sich warten ließ. Es würde nie wieder eine neue Beatles-Platte erscheinen. Nur die Garde vermochte im Sommer 1970 den Anschein zu erwecken, als wäre keinerlei Veränderung in Sicht.

Am 18. Juni, noch vor Eröffnung der Sommerfilmtage, bahnte sich das erste Großereignis an. »Neues vom Hexer«, ein Breitwandfilm vom Edgar-Wallace-Fließband, gespickt mit den üblichen Zutaten: maskierter Verbrecher, weibliches Opfer, freundlicher Privatdetektiv, komödiantischer Butler, diabolischer Klaus Kinski. Daß der realsozialistische Verleih in die andernorts als trivial verspotteten Filme investierte, die sozusagen als Beleidigung des guten Geschmacks direkt aus dem Zentrum des »Klassenfeindes« kamen, war eine Überraschung. Vielleicht sollte das als Wiedergutmachung verstanden werden. Weil »unseren Jugendfreunden und Werktätigen« die Karl-May-Filme vorenthalten worden waren, fütterte man sie jetzt mit Edgar-Wallace-Streifen, von denen viele aus derselben Retorte kamen, in der Produzent Horst Wendlandt und sein Regisseur Alfred Vohrer die immer gleichen Zutaten miteinander verquirlten.

Solche Überlegungen stellten wir am 18. Juni 1970 gar nicht erst an. Eine Woche nach der letzten Abiturprüfung, in meinem Fall Physik mündlich, war uns für eine Mark jeder Unsinn recht. Die Garde war überfüllt. Es mußten mehr Karten in den Verkauf gekommen sein, als die Sitzreihen Plätze boten. Wir wurden an den Bühnenrand gelotst, wo wir uns niederzulassen hatten, halb sitzend, halb liegend. Der Vorspann. Schüsse peitschten. Eine Stimme aus dem Off: »Hallo, hier spricht Edgar Wallace.« Das reichte schon aus, um die Garde zum Brodeln zu bringen. Aber wir lagen dem Hexer buchstäblich zu Füßen. Als die erste Filmleiche zu sehen war, wollte die Garde: »Mehr, mehr, mehr!« Wir hatten Mühe, die Breitwand zu überblicken. Wenn Klaus Kinski oder Eddi Arent auftauchten, jubelte die Garde. Um Genickstarre zu vermeiden, legten wir unsere Köpfe in die am Bühnenrand aufgereihten Blumenkästen ab. Kam der vermeintliche Bösewicht ins Bild, wurde er von der Garde ausgebuht. Als vereinzelte Gegenstände in Richtung Leinwand flogen, sahen wir unsere exponierte Position gefährdet. Aber wir hielten durch, bis Detektiv Heinz Drache den Fall aufgeklärt hatte.

Die nächsten Ereignisse ließen nicht lange auf sich warten. Feierliche Premiere des neuen DEFA-Indianerfilms »Tödlicher Irrtum« am 27. Juni. Einen Tag später die feierliche Übergabe der Reifezeugnisse im TU-Physikhörsaal. Ich mochte keine Zusammenhänge aus der Zufälligkeit von zwei aufeinanderfolgenden Terminen konstruieren. Auch wenn das mit der »Reife« so eine Sache

Tödlicher Irrtum

war, hoffte ich, daß das »Reifezeugnis« kein tödlicher Irrtum sein würde. Am Drehbuch war Rolf Römer beteiligt. Das ließ aufhorchen. Sonst Schauspieler, der mit markanter Nase den Wildtöter in »Chingachgook« gegeben hatte, jetzt Szenarium-Schreiber. Römer mußte, wie der Südvorstädter, viel Karl May gelesen haben, denn Armin Mueller-Stahl legte einen passablen »Knieschuß« hin. Das war sehenswert. Was Old Shatterhand von Winnetou lernte, wußten fortan auch Rolf Römer und ich: »Der Knieschuß ist der schwierigste Schuß, den es gibt. Viele Westmänner, die sonst gute Schützen sind, bringen ihn nicht fertig ... Ich krümme dazu das rechte Bein derart, daß sich das Knie hebt und mein Oberschenkel eine Linie bildet ... Dann greife ich ... zum Gewehr, hebe den Lauf an meinen Oberschenkel, so daß er genau in seine Verlängerung zu liegen kommt, und drücke ab.« Mueller-Stahl hatte neben dem »Knieschuß« noch andere Überraschungen auf Lager, indem er als Hilfssheriff mit interessanter Perücke agierte und als Halbblut der Halbbruder von Gojko Mitić war. Bis in die kleinsten Rollen tummelte sich alles, was bei der DEFA Rang und Namen hatte. Sogar Mitbegründer Hans Klering tauchte auf. Irrtum ausgeschlossen. Ob tödlich oder nicht, um das Studium des »Knieschusses« zu vertiefen, ging der Südvorstädter noch zweimal dem »Irrtum« nach; am 11. Juli in der Schauburg und am 2. August im Faun-Palast.

Noch einmal wurde die »Garde« in diesem 1970er Sommer zur Bühne für ein besonderes Ereignis. Es fand die Umkehrung bisheriger Gewohnheiten statt. Immer hatte der Film im Vordergrund gestanden, plötzlich trat er in den Hintergrund. Dabei war »Der Boß hat sich was ausgedacht«, der am 26. Juli lief, mit Belmondo, Jean Seberg und Gert Fröbe wunderbar besetzt. Nein, am Film lag es nicht. Was an diesem Abend alles in einem anderen Licht erscheinen ließ, war, daß zu unserer »Garde«-Gruppe mit einem Mal auch Mädchen gehörten. Dabei könnte ich nicht einmal sagen, wer sie angeschleppt hatte. Sie waren da und die Konzentration war weg. Der Zufall platzierte mich neben Marlene, die lange braune Haare, eine dünne Bluse und Jeans trug. Sie wird bald frieren, dachte ich, während mir allmählich warm wurde. Sie redete viel. Ihr Dialekt war mir fremd. Sie bot mir eine »HB« an. Ich starrte auf ihren »BH«, während sie mir die Schachtel hinhielt. Soso, Westzigaretten, bemerkte ich. Ich bot ihr eine »BT« an. Wie originell, Ostzigaretten, meinte sie. Ihre Zigaretten können aus dem Intershop sein, dachte ich. Sind ganz okay deine »BT«, sagte sie. Aber diesen Dialekt gibt es in keinem Intershop, dachte ich. Dein »BH«, nein, deine »HB« aber auch, stotterte ich. Sie kicherte. Mist, dachte ich und starrte auf ihre Jeans, die natürlich eng und von der Sorte »echte Jeans« waren. Aus dem Intershop?, fragte ich, und zeigte auf ihre Jeans. Nö, aus Bamberg, sagte sie, als wäre es das Normalste von der Welt. Immerhin wußte ich vom Bamberger Karl-May-Verlag, der mir jedoch ähnlich weit entfernt zu sein schien wie »echte Jeans«. Aus der Jugendmode?, fragte sie, und legte die Hand auf mein braun-beige kariertes Beinkleid. Das kam einem Urknall gleich. Eine Mädchenhand auf meinem Oberschenkel. Mir richteten sich nicht nur die Haare auf. Der Film war vergessen.

Wie Marlene und der Südvorstädter danach der Gruppe entkommen konnten, entzieht sich meiner Erinnerung. Vier Tage später gingen wir noch einmal zusammen ins Kino. Im Astoria gab es »Die Abenteuer des Werner Holt«. Den DEFA-Film kannte ich seit 1965, hatte sogar den Roman von Dieter Noll gelesen, den die Schwester auf ihrem Bücherbord stehen hatte. Die »Holt«-Verfilmung muß mir derart gefallen haben, daß ich glaubte, sie unbedingt Marlene zeigen zu müssen. Ein Fehler. Für ein Bamberger Fräulein von gerade mal 18 müssen das quälende 164 Minuten schwarzweißer Propaganda gewesen sein. Eine Vermutung. Wir sprachen nicht darüber. Überhaupt sprachen wir uns nach dem »Holt« kaum noch. Sie fuhr zurück nach Bamberg, ich nach Potsdam.

Meuterei in Berlin
Hollywood in Babelsberg

Ein Auswärtsspiel hat immer etwas Prickelndes. Nicht nur beim Fußball. Das müssen wir Pennäler ganz ähnlich empfunden haben, als es im Juni 1969 auf Klassenfahrt ging. Kein Wandertag, kein gewöhnlicher Landheimaufenthalt, nein, eine Fahrt nach Berlin. Nicht Berlin allgemein, sondern »Hauptstadt der DDR«, wie immer betont wurde. Die Klassenlehrerin erwähnte die Sache mit der »Hauptstadt« nicht. Auch so war klar, wohin wir fuhren. Es war nicht abgezählt worden, wer schon Hauptstadterfahrung hatte. Viele werden es nicht gewesen sein. Wir waren in der »schwimmenden Jugendherberge« von Grünau untergebracht, die am Ufer der Dahme vertäut war. Grünau lag weit draußen. Wegen der »Mauer« vermieden wir es, »weit weg vom Schuß« zu sagen. Die »Mauer« wurde überhaupt nicht genannt, weder als Demarkationslinie noch als »Antifaschistischer Schutzwall«.

Auch wenn wir glaubten, Dresden sei Großstadt, kamen wir uns in Berlin wie Provinzler vor. Fotos zeigen uns als großgeratene Kinder, die Zigarette rauchen und mit hochgekrempelten Hosenbeinen durch Springbrunnen waten, die dunkle Sonnenbrillen und Hebammenkoffer tragen. Schnell wurden uns Grenzen gesteckt, was aber nichts mit der »Mauer« zu tun hatte. Die Klassenlehrerin war darauf bedacht, in den drei Tagen für ein üppiges Kulturprogramm zu sorgen. Stadtrundfahrt, Brandenburger Tor, Fernsehturm, Staatsbibliothek, Pergamonmuseum, Schloß Sanssouci. An den Abenden zweimal Theater, einmal Kino. Dagegen wurde nicht gemeutert. Immerhin kamen wir aus der »Kulturstadt« schlechthin, wie immer betont wurde. Sogar aus einer »Kulturhauptstadt«. Auch wenn der Beiname »Kulturhauptstadt der DDR« offiziell keine Verwendung fand, wurde weithin angenommen, daß, wer aus solch einem kulturgesättigten Mutterboden stammte, von Geburt an mit einer kulturellen Wißbegier ausgestattet sein mußte, die kaum zu befriedigen war. Das galt es unter Beweis zu stellen. Da gab es keinen Pardon. 12. Juni, »Der aufhaltsame Aufstieg des Arturo Ui« im Berliner Ensemble. 13. Juni, Kino Kosmos. 14. Juni, »Die Zauberflöte« in der Staatsoper unter den Linden. An Meuterei dachte keiner von uns. Die Offerten der Klassenlehrerin wurden einhellig begrüßt. Selbst an den Besetzungslisten der Aufführungen war nichts auszusetzen, obwohl wir aus der »Kulturstadt« sonst immer etwas zu mäkeln hatten. Als »Ui« Nationalpreisträger Ekkehard Schall. Als »Königin der Nacht« die »Warschauer Nachtigall« Bogna Sokorska. Neben ihr gab Peter Schreier, in dem wir einen Abgesandten unserer »Kulturstadt« sahen, den Tamino und Horst Schulze, den wir als Karl Liebknecht aus »Solange Leben in mir ist« kannten, den Papageno.

Eingeklemmt zwischen BE und Lindenoper munterte uns ein Kinobesuch auf. Natürlich nicht irgendein Kino, sondern das Großraumpremierenfilmtheater Kosmos, Karl-Marx-Allee. Ein großer Name für das noch größere Kino in der größten aller Alleen. Superlative, wohin wir sahen. Man sollte staunen und wir staunten. Dieses Glitzern und Flimmern, das sich von der Glasfassade her über den ganzen Kinovorplatz Bahn brach, vervielfachte unsere Erwartungen an diesen Juniabend. Der Saal eiförmig mit 1001 Plätzen. Man sollte sich wohl an tausendundeine Nacht erinnert fühlen, und wir erinnerten uns, auch wenn wir die Sitze nicht nachzählten. »Meuterei auf der Bounty«. Ein 183-minütiger 70-Millimeter-Film von Metro-Goldwyn-Mayer. Das erste Mal vor einer 70-Millimeter-Leinwand. Ungeheuer breit. Der MGM-Löwe brüllte unmittelbar an der Karl-Marx-Allee. Dafür gab es keinerlei Erklärung. Ob das die Klassenlehrerin mit dem Staatsbügerkundelehrer abgestimmt hatte? Keiner von uns war so idiotisch, danach zu fragen. Wir taten ganz gefaßt. Schließlich wollten wir uns nichts verscherzen. Marlon Brando als Fletcher Christian. Tarita Tumi Teriipaia als Maimiti. Wie konnte dieses Tahiti nur so unglaublich bunt sein? Die tahitianischen Frauen blumengeschmückt und halbnackt. Wir wußten gar nicht, wo wir zuerst hingucken sollten. Bei 70 Millimeter kein Wunder. Ob das die Klassenlehrerin mit der Biologielehrerin abgestimmt hatte? Aber der Film war P 12. Wir waren 17. Bei einem Dreistundenfilm wurde eine Pause eingelegt. Wir standen auf dem »Kosmos«-Vorplatz im glitzernden Geflimmer der Glasfassade. Über uns der besternte Junihimmel. Keiner von uns war so bescheuert, daran zu denken, daß er geteilt war. Passend zur Überlänge des Films rauchten wir die extralange »Duett«. Um das nicht sehen zu müssen, war die Klassenlehrerin im Kino geblieben.

Ein Jahr später, nach bestandenem Abitur, wollte der Südvorstädter den auswärtigen »Meuterei«-Rausch wiederholen. Mit zwei Schulfreunden ging es nach Potsdam-Babelsberg. Wir wohnten im Gästehaus der DEFA, Stahnsdorfer Straße, fast zum Nulltarif, weil kurz vorher Kammerjäger die Zimmer ausgeräuchert hatten. Immer noch schlugen uns chemische Keulen auf die Nasen, was wirklichen Gästen nicht zuzumuten gewesen wäre. Wir aber, knapp bei Kasse, richteten uns ein, bis unsere Augen tränten. Welche Schädlinge vor uns das Zimmer bewohnt hatten, war nicht in Erfahrung zu bringen. Uns vorzustellen, lichtscheue Elemente wie linientreue Wanzen seien darunter gewesen, so weit reichte unsere Phantasie nicht.

Die Devise hieß: Flucht nach Berlin. Statt aber in der »Mokka-Milch-Eisbar« mit Mädchen anzubandeln, fanden wir uns noch am Ankunftsabend im Kino »International« wieder. 7. August 1970: »Ein Mann wird gejagt«. Zwar keine Meuterei, aber wieder Marlon Brando. Zwar nicht 70 Millimeter, aber die Leinwand 17,50 Meter. Das schien überhaupt das Maßgebliche zu sein, was wir uns vom neuen Jahrzehnt erhofften. Größere Kinos, breitere Leinwände, längere Filme, bekanntere Schauspieler, berühmtere Regisseure.

Daß es darüber hinaus noch bißchen Leben gab, schien von geringerer Bedeutung zu sein.

Auf dem Potsdamer Bahnhof hatte ich mich von einer Automatenwaage für einen Groschen wiegen lassen. Die ausgeworfene Pappkarte attestierte mir 122 Pfund. Ein zu Untergewicht neigendes Leichtgewicht. Sollte ich das als ein Lebensmotto verste-

hen? Prompt legten wir eine Kinopause ein und zogen am nächsten Abend zum »Kulturpark Plänterwald«, der erst 1969 eröffnet hatte. Sage noch einer, wir wären nicht mit der Zeit gegangen, die unverdrossen mit uns zog. Aber »Kulturpark«? Eine typische DDR-Beschönigung. Im Grunde ein »Vergnügungspark«, ein hauptstädtisch aufgeblasener »Rummel«. Da keiner von uns ein »Vergnügungsdampfer« war, stiegen wir nicht Mädchen nach, sondern allein in eine der Gondeln des 45 Meter hohen Riesenrads, sahen vom Scheitelpunkt aus auf die Hauptstadtlichter und bekamen Sehnsucht nach einem Film. Die erfüllte sich am 9. August.

Im Potsdamer Kino »DEFA 70« hatte »Mackenna's Gold« Premiere. Ein Western in Super-Panavision und Technicolor. Hollywood kaufte den Babelsberger Studios endgültig den Schneid ab. Das bedurfte wieder einer Erklärung mit mehr als einer Windung im Programmheft. Die falsche Darstellung der historischen Wahrheit im Western, der »eine ungeheure Welle der Brutalität und Menschenverachtung auf Hunderttausende Leinwände schwemmte«. Sein »negativer Einfluß auf das Bildungs- und Kulturniveau von Millionen an den Massenmedien orientierten Menschen.« Ausdrücklich erwähnt werden nur Akteure, die gerade noch genehm waren. Gregory Peck, der den Vietnamkrieg kritisiert hatte, und Drehbuchautor Carl Foreman, der wegen »unamerikanischer Umtriebe« nach England emigriert war. Nicht erwähnt werden Regisseur J. Lee Thompson, der einen Film über Wernher von Braun gedreht, und Omar Sharif, der »Dr. Schiwago« dargestellt hatte. Uns war das schnurzegal. Wir wußten sofort, als der Vorhang zur Seite fuhr und den Blick auf einen weiten, von Felsen umstandenen Talkessel freigab, daß wir nicht im falschen Film saßen. Wir standen schon so tief unter dem Kulturniveau »unserer Mitmenschen«, daß wir uns am nächsten Tag gleich noch den Musicalfilm »Funny Girl« gönnten, in dem Omar Sharif singend die Herzen unserer werktätigen Frauen eroberte, während wir mehr nach Barbra Streisand schielten.

FILM
FUR SIE
FUNNY GiRL

Kulturpalast Dresden
Festsaal/Altmarkt

Der Sommer 1969 war wechselhaft und ereignisreich. Er begann unterkühlt, steigerte sich hitzig, bis er unter polare Luftmassen geriet. Juni: neuer französischer Staatspräsident. Juli: Mondlandung. August: Woodstock. Was hieß das für den Südvorstädter, bevor er 18 und das Land 20 werden konnte? Praktikum im Juli, dann Ostsee mit Freund Reinhard, danach mit besser ungenannt bleibenden Knaben ein paar Augusttage in vogtländischer Gartenlaube, schließlich beim Tanz ein Mädchen aus Berlin kennengelernt. Im Ostsee-Zeltkino »Geldschrankknacker«, »Die Tollkühnen Männer in ihren fliegenden Kisten«, »Dr. med. Hiob Prätorius« und »Hauptmann Florian von der Mühle«, im vogtländischen Plauen »El Cid« gesehen. Als er das Mädchen aus Berlin in den Kartoffelferien besuchen will, bestellte ihn die Volkspolizei ein, der »Abschnittsbevollmächtigte« knöpfte ihm ohne Nennung von Gründen den Personalausweis ab und untersagte, nach Berlin zu fahren. Wie die Polizei von seinem Vorhaben Wind bekommen hatte, erfuhr er nicht. Einen Tag später tauchte der »Abschnittsbevollmächtigte, dein Freund und Helfer«, in der Elternwohnung auf, gab den Personalausweis zurück, verfügte, daß nun doch nach Berlin gefahren werden kann. Noch mit dem Mittagszug fuhr der Südvorstädter hochgestimmt in die Hauptstadt, blitzte aber beim Mädchen aus Berlin ab. Die Folgen waren Katzenjammer und das Gefühl allerhöchster Eisenbahn, galt es doch, Kurs auf das Abitur zu nehmen. Trotzdem wurden am 9. Oktober die neu eingeweihte Prager Straße und die Räumlichkeiten des eröffneten Kulturpalastes in Augenschein genommen.

Zwei Tage später, nach lästigem Friseurbesuch, zeitigte das Aufnahmegespräch an der TU Dresden das Ergebnis, eine Immatrikulation könne nur dann in Aussicht gestellt werden, wenn sich Leistungen in Mathematik und Physik deutlich verbesserten. Da wußte ich, was zu tun war. Noch am Abend sah ich in der Schauburg den Naturfilm »Wilde Katzen«, eine Disney-Produktion von 1959, und eine Woche darauf den Stanley-Kramer-Film »Das Narrenschiff«. Die Kinos spulten ungebremst ihr Programm herunter. Daran war ich mittlerweile gewöhnt. Kino ging immer, auch wenn es galt, das Einbrechen im Eis schulischer Pflichten zu verhindern.

Wie aber sollte ich mich auf ein Abitur konzentrieren, wenn in der »Kulturhauptstadt« ein nagelneuer Kulturpalast in Betrieb ging? Von einem Tag zum anderen überrannte mich der erweiterte Kulturbetrieb. Mitunter wußte ich nicht, wo mir kulturell der Kopf stand. Jeder Besuch im Palast-Festsaal wurde zum Fest. Monatlich die »Außerordentlichen Konzerte« der Philharmonie. 11. März 1970: »Kenny Ball and his Jazzmen«. 29. März: Etta Cameron, Manfred Krug und Klaus Lenz. 19. Mai: »Schlager im Palast«. Und für den »Filmfreund« wurde der Kulturpalast noch zusätzlich mit einer 70-mm-Filmanlage aufgewertet.

Im Oktober 1969 hieß es in der Zeitung, die »zwei hochmodernen Kinomaschinen PYRCON UP 700« seien »ein Geschenk der PENTACON-Mitarbeiter an ihre Stadt« und »in Tausenden und Abertausenden VMI-Stunden erarbeitet« worden. Da konnte auch ich nicht widerstehen. Am 21. Oktober ging ich durch Tür H auf den Mittelrang 1 des Festsaals und nahm in Reihe 5 auf Sitz Nr. 14 Platz. Vorhang auf für »Du bist min« von Annelie und Andrew Thorndike, einen Dokumentarfilm in 70 Millimeter und ORWO-Color. Klar war, daß eine Filmanlage, die ganz im Zeichen »unserer Werktätigen« und des 20. Geburtstags des Landes stehen sollte, weder durch das Löwengebrüll von »Metro-Goldwyn-Mayer« noch mit dem hochgereckten Arm der Dame von »Columbia Pictures« geweiht werden konnte. Im Grunde haben wir es gewußt, was uns erwartete, wir,

UP 700 – Premiere im Kulturpalast

Zu einem kulturpolitischen Ereignis von erstrangiger Bedeutung wurde gestern abend im Dresdner Kulturpalast die Bezirkspremiere des Films „Du bist min" von Annelie und Andrew Thorndike. Ein Kunstwerk, fürwahr. Doch beziehen wir uns dieses Mal nicht auf den Film selbst, sein Anliegen und seine Interpretation – sondern auf die zwei hochmodernen Kinomaschinen PYRCON UP 700, mit deren Hilfe dieser Film für die Dresdner zum Erlebnis wurde.

Dieses Qualitätserzeugnis, ein Geschenk der PENTACON-Mitarbeiter an ihre Stadt anläßlich des 20. Geburtstages unserer Republik, wurde in Tausenden und aber Tausenden VMI-Stunden erarbeitet. Es war Ehrensache für jedes Belegschaftsmitglied des großen Foto-Kino-Kombinates, an der Verpflichtungsbewegung „Jeder fünf Stunden Leistung in der Produktion für die UP 700" teilzunehmen. Gleich ob jung oder nicht mehr ganz so jugendlich, Frauen und Männer, Direktor oder Sachbearbeiter – alles war mit dem Herzen dabei. Und viele ließen es bei diesen fünf Stunden nicht bewenden. Sie legten direkt in ungezählten Sonnabend- und Sonntagseinsätzen mit Hand an, beim Aufbau des Kulturpalastes, ihres Palastes.

Ein Film erlebte seine Premiere. Im Dank des Dresdner Publikums an die Filmschaffenden war auch der Dank an die vielen freiwilligen Helfer beim Aufbau dieser schönen Filmanlage für 70-mm-Filme enthalten.

Symmank

das waren über 2 500 Zuschauer. Immerhin hatte uns das überzeugte Ehepaar Thorndike mit seinem Zweiteiler »Russisches Wunder« vorgewarnt. Aber daß die Pathossauce so dick von der schönen Leinwand in den neuen Festsaal getropft käme, auch noch in dieser Breite und schillernd in allen denkbaren ORWO-Farben, grenzte an Erregung öffentlicher Ärgernisse. Daß das Propaganda in Reinstkultur war, bemerkte sogar der Südvorstädter. Was von mir unbemerkt blieb, weil es keinerlei propagandistischen Nährwert hatte und somit wenig Verbreitung in Festsälen oder in Staatsbürgerkunde fand, daß sich die Thorndikes nach ihrem inbrünstigen »Du bist min« scheiden ließen und daß an diesem 21. Oktober Willy Brandt neuer Bundeskanzler wurde. Wenn Alain Delon Präsident von Frankreich geworden wäre, hätte das vielleicht eher die Runde gemacht. Bis aber aus Schauspielern Präsidenten werden würden, sollten noch einige Jahre vergehen.

Vorerst kam Alain Delon zum Advent 1969 mit Mantel und Degen in den Festsaal. Zwar war »Die schwarze Tulpe« schon 1965 in der Schauburg zu sehen gewesen, aber jetzt erst konnte sie auf der breitesten aller Leinwände ihre ganze Breitenwirkung entfalten. Der revolutionäre Bezug auf das Jahr 1789 war Legitimation genug für die Platzierung des Tulpen-Films im Festsaal. Denkbar auch, daß der Programmverantwortliche nicht so sattelfest in der »Geschichte der Arbeiterbewegung« war, wie die Tulpen-Brüder fest im Pferdesattel saßen, daß er zwischen Sturm auf die Bastille und Sturm auf das Winterpalais nicht zu unterscheiden vermochte und deshalb grünes Licht für die festliche 70-mm-Aufführung der »Tulpe« gab. Aber wie so oft waren mir Hintergründe ziemlich gleichgültig, wenn es nur genügend bunt und breit zuging.

Zum Film im Kulturpalast wurde gern in Familie gegangen. Schwestern mit Bruder. Gelegentlich gesellten sich Eltern hinzu. Und immer befand man sich in Begleitung eines festlich-feierlichen Gefühls. Sogar auf die Andeutung von Abendgarderobe wurde Wert gelegt. Es kann ohne Übertreibung behauptet werden, nichts eignete sich besser zur »Familienzusammenführung« als der Fest-

Die Brüder KARAMASOW

Nach dem Roman von F. M. Dostojewski

FILM FÜR SIE

saal. So auch, als der Südvorstädter im Januar 1970 bei »Die Brüder Karamasow« für 223 Minuten mit Schwestern und Schwager zusammengeführt wurde. Nicht beim Hollywood-Film von 1958 mit Yul Brynner als Dimitri und Maria Schell als Gruschenka, sondern dem zu Unrecht vergessenen »Bratja Karamasowy« von Mosfilm. Die Zeitung annoncierte: »Ein bleibendes Filmkunsterlebnis – durch die erste und modernste 70-mm-Filmanlage des Bezirkes Dresden im Kulturpalast. Die Brüder Karamasow (P 14). Ein hervorragender sowjetischer Farbfilm in 70-mm-Format nach dem berühmten Roman von Dostojewski. Freier Kartenverkauf an der Vorverkaufskasse Schloßstraße. Vorverkauf auch bei Moden-Helfer, Schäferstraße 7, und Konzertkasse Ziegenbalk, Schillerplatz«.

Mit dem Aufkommen der 70-mm-Technik lagen plötzlich wieder Monumentalfilme im Trend. Nicht nur breiter und bunter, sondern länger und noch länger, was auch das Portemonnaie langanhaltender beanspruchte. Für solch ausufernden Karamasow-Abend wurden Aufschläge verlangt. Ein blauer Stempel auf der Rückseite der Eintrittskarte besagte: »Laut Preisbewilligung 50 % Aufschlag wegen Überlänge«. Auf der Kartenvorderseite hieß es: »70 mm-Zuschlag 1,– Mark«. Plus der sowieso pauschal erhobenen Kulturabgabe von fünf Pfennigen brachte es eine Karte auf 4,05 Mark. Bald schon genügte mir das monatliche Salär einer als Lehrlingsgeld verkappten »Erziehungsbeihilfe« nicht mehr, um die steigenden Kulturausgaben aus eigener Tasche zu finanzieren. Deshalb mußten wieder Altstoffe gesammelt und zusammen mit Freund Reinhard mindestens einmal die Woche Kegel bei der Betriebssportgemeinschaft »VEB Schokopack« aufgesetzt werden. Blieb die Frage, wann sich der Südvorstädter unter dem ständig wachsenden Kulturdruck auf das Abitur vorbereitete. Das aber ist eine ganz andere Geschichte, die nicht einmal »demnächst in diesem Theater« erörtert werden wird.

FILM
FÜR SIE
GOYA

Rundkino
Prager Straße

Wenn man vom Ende der Beatles absah, begannen die 1970er Jahre großartig. Wir hatten das Reifezeugnis in der Tasche, waren Studenten, mußten nicht zur »Fahne«. Wir ließen uns die Haare wachsen, batikten Hemden, trugen »Boots«, ohne zu wissen, daß es »Boots« waren, und wir verliebten uns. Wir waren hungrig nach allem und nichts, meinten gar, die westliche Revolte von 1968 in Sachen Ungehorsam und Sexualität nachholen zu können. Wie sehr wir ohne den Wirt rechneten, würden wir bald erfahren. Aber zu Beginn der 1970er ahnten wir noch nichts davon. Von Tauwetter war die Rede. Eine Leichtigkeit schien in der Luft zu liegen, die sogar das Ende der Beatles erträglich werden ließ. Immerhin machten die »Boys« solo weiter. Lennon sang »Oh Yoko«, Harrison brachte ein Dreifachalbum, McCartney sang »Lovely Linda« und Ringo brachte eine sentimentale Schlagerplatte. Wenn wir nicht in Hör-, Kino- und Theatersälen, in Kongreß-, Stein-, Fest-, Speise- oder Wartesälen saßen, flanierten wir über die Prager Straße, die »Boulevard« genannt wurde. Springbrunnen, Blumenrabatten, Hotels, Geschäfte, eine Milchbar, die wir liebevoll »Kuh« tauften, Gaststätten, die »Bastei« und »International« hießen.

All das wurde von dem am 7. Oktober 1972 eröffneten »Rundkino« übertroffen. Angesichts dominierender Rechtwinkligkeit mutete der runde Kino-Neubau regelrecht futuristisch an. Plötzlich wichen die Architekten von rechtwinkliger Linientreue und »Häuserquadern« ab, entdeckten, daß auch der Zylinder einem Gebäude Form und Gestalt geben kann. Da konnten wir nur »Chapeau!« denken und waren um eine Illusion reicher. Im Grunde waren es zwei. Die Wahl zwischen zwei Sälen hatten wir vorher in keinem

Kino gehabt. Ein großer, opulent und weiträumig; ein kleiner, intim und eng. Gleichzeitig verloren die Filmfreunde den Kulturpalast. Zuletzt hatten wir dort im Februar den 70-mm-DEFA-Film »Goya« von Konrad Wolf gesehen. Mit Donatas Banionis in der Titelrolle konnte nichts schiefgehen. Später hörten wir, er sei Mitglied des Obersten Sowjet. Für »Goya« hagelte es Kunst- und Nationalpreise. Allerdings ging die Jugoslawin Olivera Katarina leer aus, obwohl sie unter vollem Körpereinsatz die nackte Herzogin Alba verkörperte. Fortan blieb 70 Millimeter dem »Rundkino« vorbehalten.

Nach halböffentlichen Feierlichkeiten und ausverkauften Vorstellungen gelangen uns erste Besuche zwei Wochen nach Eröffnung; 22. Oktober »Trotta« in Kleiner Bühne, 23. Oktober »Befreiung« im Großen Saal. Von Anfang an war klar, wie die Rollen verteilt sein würden. Im Großen das, was möglichst Abend für Abend 1 000 Plätze füllte, entweder DEFA-Novitäten oder Monumente zwischen Agitation und Abenteuer. Im Kleinen, was sich im Großen verlieren würde, aber gut für 130 Plätze war. In der Beletage Premieren, im Souterrain Programm. »Trotta« kam aus München, Johannes Schaaf hatte »Die Kapuzinergruft« von Joseph Roth verfilmt. Das setzte ein Zeichen. Fast sahen wir darin ein vorgezogenes Kulturabkommen zwischen Ost und West. Nicht mehr nur wienerisch angehauchte Komödien mit Hans Moser und Theo Lingen, bunte Revuen mit Marika Rökk, Kurt-Hoffmann-Filme oder Edgar-Wallace-Klamotten, sondern ernstzunehmende Leinwand-Geschichten. Trotzdem sollte es noch acht Jahre dauern, bis 1980 die erste »Filmwoche der BRD in der DDR« mit Fassbinder, von Trotta, Lilienthal, Bohm und Herzog stattfinden würde.

»Mosfilm« servierte die abschließenden Teile IV und V von »Befreiung«, das Ende des Zweiten Weltkriegs in 70-mm-Format, Farbe und 163 Minuten. Ein Vaterfilm. Ein Film für Brigadeprogramm und Parteilehrjahr. Die Teile I bis III soll jeder zweite DDR-Bürger gesehen haben. Das muß »Mosfilm« wie ein nochmaliger Sieg über die Deutschen vorgekommen sein. Gegensätzlicher konnten die Programme von Großem und Kleinem Saal nicht an-

laufen. Auch das setzte Zeichen, weil die Gegensätze ausgehalten, nicht glattgebügelt wurden.

Als sich im Kleinen Saal die »Camera« etablierte, kam in die Gegensätzlichkeit noch mehr Farbe, auch wenn die dort gezeigten Filme meistens schwarzweiß waren. »Camera«, ein zu Beginn der 1970er nur in Berlin, Leipzig, Rostock und Dresden agierender

Major Zwetajew (Nikolai Oljalin)

Sanitätsfeldwebel Soja (Larissa Golubkina)

Panzerunteroffizier Doroshkin (Waleri Nossik)

Oberleutnant der Polnischen Armee Dabrowsk. (Daniel Olbrychski)

Hauptmann Wassiljew (Juri Kamorny)

„Diese Figuren sind so glaubhaft, daß man den Eindruck gewinnt, ihnen an der Front begegnet zu sein."

Hauptmarschall der Panzertruppen
P. Rotmistrow

Filmtheater Prager Straße
Dresden
Sitz-Nr. 16
Reihe 11
Seiten-Parkett A
Rechts 4,00
032
Zuschlag 70 mm 1,00
Montag 23. OKT 1972 20
(87/9) BG 039
Auf Verlangen vorzeigen

Filmklub, der Filme aus dem Staatlichen Filmarchiv zeigte, »Titel des nichtkommerziellen Verleihprogramms«, wie es hieß. Das erleichterte die Aufholjagd erheblich. Man benötigte eine sogenannte Besucherkarte, die Jahr um Jahr für eine Gebühr von einer Mark, Studenten fünfzig Pfennige, erneuert werden mußte, und am Vorverkaufstag einiges Stehvermögen an der Kasse. Aus dem Kleinen Saal, den einige anfangs als häßliches Entlein und lästiges Anhängsel abtaten, wurde schnell ein unverzichtbares Programmkino mit dem schmeichelhaften Namen »Studiobühne«. Die Kopien der »Camera«-Filme waren nicht die besten. Nichtsynchronisierte Filme, die auch nicht mit deutschen Untertiteln versehen waren, wurden simultan über die Kinolautsprecher gedolmetscht. Mit plötzlichen Programmänderungen mußte immer gerechnet werden. Das war uns alles egal. Hauptsache, wir konnten nachholen. Dabei ging es nicht nur um die Kinokinderstube. Wir sahen auch japanische Klassiker wie »Rauchzeichen«, »Barfuß durch die Hölle« und »Harakiri«. Wir staunten über Fellinis »Das süße Leben« und »8 ½«. Wir wunderten uns über die spröde Handschrift von Fassbinder bei »Katzelmacher«. Und was vielleicht das Beste war, daß »Camera«-Abende nie ohne kleinen Einführungsvortrag begannen. Am markantesten war Dr. Dietzel, der weder Kulturwissenschaftler noch Kritiker, sondern Akustiker und Filmenthusiast war. Wenn er mit leuchtendem Gesicht, in der Hand als Stichwortgeber einige Karteikarten, vor dem Publikum erschien, dann erstarb augenblicklich jedes Gespräch. Ohne sich an die Regeln einer ideologisch geschulten Moderation zu halten, ließ er seiner Begeisterung für den anzukündigenden Film freien Lauf und steckte uns spielend damit an. Für uns trat er vorzeitig aus seiner Rolle heraus. Mit ihm und dem Kleinen Saal der Studiobühne gingen die 1970er endgültig in Richtung »Zukunft«.

Zukunft in Leipzig

Es war wie ein Sport. Neu angelaufene Filme wollten so bald als möglich gesehen werden. Es stand zu befürchten, sie könnten in Ungnade fallen, ihre Aufführungslizenz ablaufen oder beteiligte Schauspieler in der Stammkneipe politische Witze erzählen. Viel zu schnell konnte es passieren, daß ein Film kurz nach der Premiere buchstäblich wieder von der Bildfläche verschwand, bevor er im Kino um die Ecke angekommen war. Selten warteten wir seine Ankunft dort ab.

Ende April 1973 wurde »Erinnerungen an die Zukunft« erstaufgeführt. Dem Film eilten Gerüchte voraus. Es sei eine dokumentarische Reise zu neuen Weltwundern. Es ginge um extraterrestrisches Leben und UFOs. Es würde behauptet, der Mensch stamme nicht vom Affen, sondern von Außerirdischen ab. Am 11. Mai wurde der Film in der Zeitung »Junge Welt«, dem »Zentralorgan der Freien Deutschen Jugend«, angegriffen. Ein Herr Brentjes mit den Vornamen »Prof. Dr. phil. habil.« arbeitete sich wie bestellt an Erich von Däniken ab, dessen Bücher dem Film als Vorlage dienten. Däniken sei »teilweise geistesgestört«, meinte Brentjes, und führte auf, wie es »um die Wahrheitsliebe dieses Kriminellen bestellt« sei. Das erinnerte ungut daran, wie die kleinkriminelle Vergangenheit Karl Mays seine Gegner und Neider immer wieder zu Schwarzpulverattacken animierte. Brentjes' denunziatorische Bemerkungen gipfelten in Handlungsempfehlungen, die unmittelbar zum Filmverbot führen sollten: »Man fragt sich nur, weshalb ein solcher Film bei uns verbreitet werden darf« und »Die Umgestaltung unserer Kinotheater in Bethallen des neuen Kultes ist ein Verstoß gegen alle Prinzipien unserer sozialistischen Gesellschaft«. Also allerhöchste Eisenbahn, den Film zu sehen.

Grabplatte aus dem Maya-„Tempel der Inschriften" bei Palenque (Ausschnitt)

Am 12. Mai fuhren wir 4.35 Uhr von Riesa im »Bummelzug« nach Leipzig. Die Schwiegermutter trat ihre erste »Westreise« an, K. und ich brachten sie zum Zug nach Frankfurt am Main. Dann Passagen, Naschmarkt, Thomaskirche, Völkerschlachtdenkmal, Milchbar Pinguin. An einer Litfaßsäule das Filmprogramm der Woche. Filmkunsttheater »Casino«: »Erinnerungen an die Zukunft«. Halb fünf. War nicht einmal ausverkauft. Ganz im Gegensatz zu Herrn Brentjes mit den vielen Vornamen verurteilte das Programmheft nicht, sondern forderte mit dem Untertitel »Der Film einer Hypothese von außerirdischen Vernunftwesen« die Zuschauer zur eigenen Meinung heraus. Als Regisseur wurde Dr. Harald Reinl genannt, der, auch schon mit Doktortitel, die Winnetou-Filme in Szene gesetzt und als Assistent bei Leni Riefenstahl gelernt hatte. Das Programmtitelbild zeigte eine Grabplatte aus einem Maya-Tempel. Rote Farblinien ließen unschwer eine Figur erkennen, die halb sitzend, halb liegend in einem merkwürdigen Stuhl ruhte, der mit Einbildung als Pilotensitz in einem uns unbekannten Flugobjekt gesehen werden konnte. Das war die Essenz des Films, die Erde soll einst von »fremden Kosmonauten« besucht worden sein, schreibt das Programmheft vor. Wieso eigentlich nicht von »Astronauten«? Die »Fremden« ließen auf einer peruanischen Hochebene gewaltige Bodenmarkierungen zurück, die einer Landebahn glichen. Sie lieferten beim Bau der ägyptischen Pyramiden das logistische und technische »Know-how«. Von ihnen stammen die Kolossalstatuen auf den Osterinseln. Alles überzeugend vorgetragen und phantastisch anzusehen, aber auch sehr dogmatisch. »Friß, Vogel, oder stirb!« Entweder man glaubte den Hypothesen oder stand bißchen dumm im Abseits. Wir hatten noch nie wirklich geglaubt und taten es auch dieses Mal nicht. Stattdessen gönnten wir uns ein Abendessen in »Zill's Tunnel«, original nur mit Apostroph. Wenige Tage später war der Dr.-Reinl-von-Däniken-Film weg vom Fenster. Daß wir nach 1989, wenn wir an Leipzig dachten, ganz andere »Erinnerungen an die Zukunft« hatten, die viel aufregender waren, als es jeder Film sein kann, steht auf einem anderen Blatt.

Bangladesh am Plattensee

für Katja

Schon im Zug von Budapest zum Plattensee waren sie nicht zu übersehen. Zwar wollten wir uns einreden, die Mais- und Sonnenblumenfelder entlang der Eisenbahnstrecke wären das Erste und Einzige, was uns in Ungarn auffiel, aber mehr noch als die Großtaten ungarischer Bauern zogen die mitfahrenden Jeansanzüge unsere Aufmerksamkeit auf sich. Obgleich die Jeansanzugträger unüberhörbar aus unserer Gegend kamen, glänzten sie nicht mit der Jugendmodemarke »Wisent«, sondern trugen ausschließlich echte Jeansanzüge zur Schau. Natürlich fragten wir uns, was wohl in der Lage sein könnte, derart viele echte Jeansanzüge zu versammeln, und unsere Verwunderung steigerte sich noch, als alle Jeansanzüge gleich uns in Siófok den Zug verließen.

Nachdem wir unser Urlaubsquartier, eine zu Wohn- und Schlafraum umgewidmete Besenkammer, in Beschlag genommen hatten und erste Wege durch die Stadt am Plattensee gingen, fanden wir überraschend schnell heraus, was die Jeansanzüge vermutlich hergelockt hatte. Überhaupt entdeckten wir, wie sehr für ungeübt Reisende, die wir damals fraglos waren, das Fremde von zahlreichen Mutmaßungen umstellt wurde. Allmählich erst gaben einzelne Wörter ihre Bedeutung preis. Am leichtesten noch ließ sich über die Namen von Geschäften mutmaßen. Aber oft genug mussten wir verwundert eingestehen, wie schnell uns die Wörter und ihr bedeutungsvoller Klang in die Irre führten. Als wir allerdings auf einem Plakat das Wort »filmek« lasen, wußten wir, daß wir uns in der Bedeutung dieses Wortes unmöglich irren konnten, augenblicklich waren wir in unserem Element, und etwas von dem fremden Urlaubsstoff bröckelte von uns ab.

Schnell griffen wir nach dem Wörterbuch, um ins Detail zu gehen. Dort lasen wir »mozi« hieß »Kino«, und davon, so erfuhren wir vom Plakat, gab es in Siófok zwei; das »Siófok terem-mozi«, was dem Wörterbuch nach im Saal spielte, und das »Siófok kertmozi«, das sich in einem Garten befinden, also ein Freilichtkino sein musste. Und im Kertmoziprogramm buchstabierten wir vom Plakat für diesen 7. August 1974: »Hangverseny Bangladesert. Színes amerikai film«. Aussprache und Betonung der fremden Wörter waren uns in diesem Moment, als mir das Herz spürbar bis in den Hals schlug, vollkommen egal, wir wussten auch so, was gespielt wurde. »Elöadások kezdete: este 8 órakor.« Acht Uhr also. Zwar fragten wir uns, ob es an diesem Augustabend 8 Uhr im Gartenkino für eine Filmvorführung schon dunkel genug sein würde, verstanden aber mit einem Mal die Anwesenheit der zahlreichen Träger auffallend echter Jeansanzüge, die den ansonsten kunterbunten Badeort beinahe uniformierten, und denen wir nur zu folgen brauchten, um zielsicher zum »kertmozi« geführt zu werden.

Es war erst Nachmittag halb drei, als wir das Kassenhäuschen des Freilichtkinos erreichten. Freilich erreichten wir es nicht unmittelbar, kamen ihm nur bis auf Sichtweite nahe, denn fünfeinhalb Stunden vor Vorstellungsbeginn brandete gegen die Kinokasse eine Jeansanzugwoge, blauer, als es der Plattensee jemals sein konnte, blauer auch, meinte ich, als man es von ein paar Flaschen Plattenseeriesling zu werden vermochte. Immer dann, wenn eine Flasche auf den Kies des Parkweges klirrte, betete ich Ungläubiger inbrünstig: daß die Jeansanzüge bloß keinen Rabatz machen, bevor die erste Spule des Bangladesch-Films in den Projektor eingelegt wird! In unserem Revier waren Filme schon aus ganz anderen Gründen von einer Stunde zur anderen in der Versenkung verschwunden. Vielleicht dachte ich auch daran, wie in den 60ern die Westberliner Waldbühne bei einem Rolling-Stones-Konzert demoliert worden war, was ich als Beispiel zügellos kapitalistischen Jugendlebens aus der Jugendzeitschrift NEUES LEBEN oder wenigstens vom Hörensagen wusste, wie so vieles, was wir immer nur vom Hörensagen wussten.

Auch das Bangladesch-Konzert kannten wir vom Hörensagen. Nur so viel war klar: George »Beatle« Harrison hatte am 1. August 1971 im New Yorker Madison Square Garden aus Solidarität mit den Bangladesch-Flüchtlingen ein Konzert gegeben. Überdeutlich hörte ich noch die Stimme von Barry Graves, wie er auf RIAS 2 über das Ereignis berichtete. Mehrmals war von »Supergroup« die Rede. Als Barry Graves jeden einzelnen Musiker beim Namen nannte, kam er über ein bedeutungsschwangeres Flüstern nicht hinaus, als würde er von Heiligen sprechen. Dutzendfach war die auf einer Spule konservierte Radiosendung über mein Tonbandgerät geleiert, wobei der Ton von Mal zu Mal zunehmend hinter ein Rauschen zurücktrat. Trotzdem hatten sich einige der Barry-Graves-Kommentare unauslöschlich in die Spulenwindungen meines Gehirnkastens eingebrannt: der weiße Anzug von George Harrison im auffallenden Kontrast zu einem orangefarbenen Hemd ... der über allen hinter seinem Schlagzeug thronende Ringo Starr ... wie Leon Russel sein schulterlanges, silbergraues Haar schwenkt ... die auf dem Kopf von Billy Preston herumturnende Ballonmütze ... die von Eric Clapton ans Griffbrettende seiner Gitarre gespießte brennende Zigarette ... wie George Harrison nach »While My Guitar Gently Weeps« sein Jackett auszieht und im Hemd weiterspielt. Das war so gegenwärtig, als wäre es gestern gewesen, als hätte ich im August 1971 selbst vor der Bühne im Madison Square Garden zu New York gestanden.

Aber wir schrieben August 1974 und wir standen in einer inzwischen unübersehbar langen Schlange vorm »kertmozi«-Kassenhäuschen in Siófok. Obwohl ich auch drei Jahre nach 1971 immer noch keine Vorstellung davon hatte, wo genau dieses Bangladesch liegt, rückte die Vorstellung des Films allmählich näher. Was mich deutlich mehr bewegte als die Frage nach dem Verbleib der Bangladesch-Flüchtlinge war die beunruhigende Tatsache, daß ich als Beatles-Fan bis zu diesem ungarischen Sommer George »Beatle«

Harrison zwar auf hunderten Standfotos, aber noch nie in Bewegung gesehen hatte. Eine Ungeheuerlichkeit bahnte sich an. Etwas lag in der Luft. Das erste Mal in Ungarn, und schon sollte mir ein Beatle begegnen, mit Ringo am Schlagzeug sogar zwei. Halb sechs wurden uns endlich gegen Abgabe von 20 Forint aus dem Kassenhäuschen zwei Eintrittskarten zugeschoben.

Noch einmal hasteten wir zurück in die möblierte Besenkammer, um den Proviantbeutel mit Brot, Käse und Obst zu füllen. Weißt du noch, wie mir der Käse später die Kehle zuklebte? Oder war es der sprichwörtliche Kloß? Wie fühlte sich das an, an deiner Seite durch die Straßen von Siófok zu George »Beatle« Harrison zu gehen? Oder war es vielleicht so, daß wir durch etwas uns vollkommen Fremdes hinüber zu einem alten Bekannten gingen?

Halb acht saßen wir endlich auf den harten Gartenstühlen des Gartenkinos. Ich hatte dir für 2 Forint ein Sitzkissen gemietet. Um uns wogten die echten Jeansanzüge in unecht wirkender Euphorie. Kurz nach acht Uhr bat George »Beatle« Harrison von der Leinwand herunter um Konzentration für einen indischen Musikteil, danach bat Ravi Shankar, das Rauchen einzustellen, und griff in die Saiten der Sitar. Vor der Leinwand wurden alle denkbaren Rauchwaren weitergeraucht, die Flaschen mit Plattenseeriesling wie Keulen und die Hüften geschwungen. Der indische Teil zog sich. Alles wartete auf die »Supergroup«, die uns dann endlich mit »Wah-Wah« von den Gartenstühlen riß. In diesem Moment brach ein letzter Sonnenstrahl in das Gartenkino ein, der die Leinwand erblassen ließ, mit ihr erblassten der weiße Anzug von George »Beatle« Harrison und ich auch. Plötzlich sah ich das, was ich sehen wollte, was ich hätte seit Anbeginn der Beatlemania längst sehen müssen, nur noch schemenhaft. Wenigstens regnete es nicht. Mir klebte der Käse aus dem Proviantbeutel als Kloß in der Kehle. Die echten Jeansanzüge blieben überraschend gelassen. Spätestens als Harrison »Here Comes The Sun« anstimmte, war der Abend zur Nacht geworden, und alle Musiker traten aus ihren Schemen heraus in eine grelle Deutlichkeit. Augenblicklich verliebtest du dich in George, wie du mir später eingestandst. Ich mußte gestehen, daß ich entweder von den gerauchten »Fecske« oder den dröhnenden Gitarren oder einer ungefähren Ahnung deines Verliebtseins Kopfschmerzen bekam. Aber beide hatten wir das Gefühl, mit dem Bangladesch-Konzertfilm etwas nachgeholt, sogar etwas aufgeholt zu haben.

Was immer sonst einen Plattenseesommer auszeichnen mag, uns prägte er sein Siegel nicht nur auf die Haut. Auf besondere Weise wurde er seinem Namen vollauf gerecht, dachten wir, weil es am Plattensee auch Platten gab, Schallplatten, die in unseren dafür vorgesehenen Geschäften niemals im Angebot waren. Unsere Ausbeute bestand in »Red Rose Speedway« von Paul »Beatle« McCartney und »Imagine« von John »Beatle« Lennon. Obwohl beide Platten und ihre Cover sich in einem Zustand befanden, der mit »Gebrauchsspuren« noch milde beschrieben war, mussten wir für jedes Objekt unserer Begierde 180 Forint berappen, was damals 45 Mark der DDR entsprach und unsere Urlaubskasse grenzwertig belastete. Beide Pressungen firmierten unter »Dum Dum – India«, was mich zwar unangenehm an »Dumdumgeschosse« erinnerte, aber der geteilte Apfel auf den Labels als Symbol der Beatles-Firma »Apple« tröstete mich über jedwede Gestattungsproduktion hinweg.

Vorhang

Wir gedenken der Kinos, die unbesucht, und der Filmgelegenheiten, die ungenutzt blieben: Filmtheater »Goldenes Lamm«, Nickelodeon Marschnerstraße, Filmtheater Niederpoyritz, Filmschau Niedersedlitz, Filmtheater »Glück Auf«, Kulturhaus Hellerau, Filmtheater Weixdorf, Zeitkino Neustädter Bahnhof, Hygienemuseum, Konzertplatz Weißer Hirsch. Wir gedenken des »Augenzeugen« und der Kulturabgabe.

Zeitweilig wurden die »Kinogeschichten« bei ihrer Entstehung dankenswerterweise unterstützt durch die Hermann-Hesse-Stiftung, die Kulturstiftung des Freistaates Sachsen und die Stadt Rheinsberg/Kurt Tucholsky Literaturmuseum.

Langanhaltend wird K. gedankt, die den Autor in seine Erinnerungen und in die meisten Kinos begleitet hat.

Inspiriert wurde das Buch durch Ilse Aichingers »Film und Verhängnis« sowie Jean-Luc Godards Filmessay »Histoire(s) du cinéma«/»Geschichte(n) des Kinos«.

Nachspiel

Dresdner Kinos von 1965 bis heute

Mensa der TU-Dresden
Otto-Buchwitz-Saal, Dülferstraße 2
als Fest- und Speisesaal im 1950 bis 1956 erbauten Gebäudekomplex für Rektorat und Mensa, zeitweilige Nutzung für jeweils donnerstägliche Filmvorführungen, 2007 aufwendig saniert.

Faun-Palast
Leipziger Straße 76
erbaut Ende des 19. Jahrhunderts als Gasthof und Tanzpalast »Stadt Leipzig«, ab 1929 Kino »Faun-Palast«, 800 Plätze, 1964 Einbau einer gekrümmten Leinwand, 1991 geschlossen, Saal abgerissen.

TB – Tagesfilmtheater
am Bischofsplatz, Bischofsplatz 4
eröffnet 1926, 500 Plätze, Kinobetrieb bis Ende der 1960er Jahre, danach Polstermöbelgeschäft, in 1990er Jahren Leerstand und Verfall.

Schauburg
Otto-Buchwitz-Straße 55
eröffnet 1927, 700 Plätze, 1972 Einbau der Visionsbar, Schließung 1992, nach Sanierung und Umbau 1994 Wiedereröffnung als Programmkino mit drei Sälen.

Filmtheater am Hauptbahnhof
Wiener Platz 2
erbaut 1887 als Bahnhofsteil für »höhere Herrschaften«, ab 1918 Fahrkartenausgabe, ab 1956 Kinobetrieb, 170 Plätze, zeitweilig als Zeitkino, 2000 geschlossen, Gebäude renoviert, Nutzung ungewiß.

Olympia-Lichtspiele
Dohnaer Straße 57
als Kino 1938 erbaut, 500 Plätze, 1995 geschlossen, danach Kfz-Werkstatt.

Lichtspiele Großenhainer Straße
Großenhainer Straße 146
eröffnet 1928 als »Lichtspieltheater Rädelsburg«, 680 Plätze, nach 1945 Quartier der Sowjetarmee, ab den 1950er Jahren wieder Kinobetrieb, geschlossen 1981, Gebäudeabriß 1997.

Filmkunsttheater Astoria
Leipziger Straße 58
erbaut 1857 als »Tanzpalast Bremen«, 1928 »Lichtspielhaus Stadt Bremen«, ab 1930 »Astoria-Lichtspiele«, 350 bis 400 Plätze, Mitte der 1970er Jahre geschlossen, seither verschiedenartige Nutzung.

Filmtheater Kantstraße
Kantstraße 2
erbaut 1894 bis 1896 als »Königliches Lehrerseminar«, ab 1922 Gymnasium für Jungen, nach 1945 EOS »Süd«, in den 1960er/70er Jahren zeitweilig Kinobetrieb in der Aula.

Filmbühne Wölfnitz
Kesselsdorfer Straße 114
erbaut 1810 als »Gasthof Wölfnitz«, seit 1947 Kinobetrieb, 800 Plätze, 1985 nach Brand geschlossen, Gebäudeabriß 1988.

Tagesfilmtheater Ost
Schandauer Straße 73
eröffnet 1926 im Saal vom »Volkshaus Ost«, 1936 Saalerweiterung, 200 Plätze, ab 1990 Programmkino, nach Modernisierung und Erweiterungsbau 2009 Wiedereröffnung mit fünf Sälen.

Reprisen-Filmtheater Schillergarten
Schillerplatz 9
als Stummfilmkino unter dem Namen »Elite-Reform-Kino-Salon« im ehemaligen Eiskeller des Gasthofs »Schillergarten« 1912 eröffnet, 200 Plätze, ab 1920 »Schillergarten Lichtspiele«, Kinobetrieb 1971 eingestellt, Gebäude als Teil der Gaststätte »Schillergarten« 2001 saniert.

Volks-Lichtspiele
Otto-Franke-Straße 12
eröffnet 1949 in der Turnhalle der Berufsschule, 120 Plätze, Kinobetrieb bis 1971, nach 1990 saniert und wieder Turnhalle.

Stephenson-Lichtspiele
Stephensonstraße 46
erbaut 1927,
1991 Kinobetrieb eingestellt,
danach Videothek.

Film-Eck Briesnitz
Altbriesnitz 2 a
erbaut 1896 als Gasthof mit Ballsaal, ab 1933 auch als Kino genutzt, 1972 offiziell geschlossen und nur noch zeitweilig für Sonderveranstaltungen bis in die 1980er Jahre genutzt,
nach 1990 Musikclub.

Park-Lichtspiele
Bautzner Landstraße 6
als Kino 1938 erbaut,
400 Plätze,
1992 geschlossen,
Gebäudeabriß.

Filmtheater West
Raimundstraße 1
erbaut als Ballsaal,
1923 Umbau zu »Rathaus-Lichtspiele«, 360 Plätze,
ab 1963 »Filmtheater West«,
1990 geschlossen,
Gebäudeabriß 2002.

Kleines Theater Reick
Reicker Straße 89
erbaut 1909 als Turnhalle der Volksschule Reick, ab 1946 Kino und Operetten-Theater, 300 Plätze, seit 1950er Jahren ausschließlich Kinobetrieb, ab 1983 auch Spielstätte des »SCHICHTtheaters«, nach 1990 Programmkino, 1992 geschlossen, Gebäudeabriß 2000.

Freilichtbühne »Junge Garde«
Karcher Allee, Großer Garten
erbaut 1953 bis 1955, 5 000 Plätze, bis 1989 zeitweilig als Freilichtkino genutzt, vor allem im Rahmen der »Sommerfilmtage«.

Filmtheater Prager Straße/Rundkino
Prager Straße 6
eröffnet 1972, Großer Saal 1 000 Plätze, Studiokino 130 Plätze, nach 1990 Erweiterung auf sieben Säle, nach Hochwasser von 2002 fünf Säle im Gebäudekeller geschlossen, seit 2003 unter Denkmalschutz, 2008 Renovierung und Wiedereröffnung der Säle im Keller.

Filmschau Niedersedlitz
Lugaer Straße 12
erbaut 1938, 500 Plätze, geschlossen 1967 und Umbau zur Schwimmhalle, Badebetrieb 2000 eingestellt.

Filmtheater »Glück auf«
Karlsruher Straße 136
erbaut 1887 als Gasthof, in 1930er Jahren Umbau zu Filmtheater »Capitol«, 250 Plätze, nach 1945 Filmtheater »Glück auf«, Kinobetrieb bis 1991, Gebäudeabriß 2006.

Filmtheater Marschnerstraße
Marschnerstraße/Ecke Dürerstraße
ab 1962 Kinobetrieb in Hörsaal der Ingenieurhochschule, 1990 Programmkino »Nickelodeon«, 2000 geschlossen.

Filmtheater Niederpoyritz
Pillnitzer Landstraße 179
im 18. Jahrhundert Rittergutsschänke »Erbgericht«, ab 1946 Kinobetrieb, 1971 geschlossen, Erhaltung und weitere Nutzung ungewiß.

Filmtheater »Goldenes Lamm«
Leipziger Straße 220
im 18. Jahrhundert als Trachauer Gasthof »Lämmchen« erbaut, ab 1925 Kinobetrieb, in den 1960er Jahren alternierende Nutzung mit »Staatlichem Puppentheater«, Einstellung des Kinobetriebs Ende der 1960er, nach 2005 Gemeindezentrum der Freien evangelischen Gemeinde Dresden.

BANK
BANK
PEN

MICHAEL WÜSTEFELD, geboren 1951 in Dresden, absolvierte ein technisches Studium an der TU Dresden, arbeitete bis 1991 in einem Dresdner Ingenieurbüro, seither als freiberuflicher Autor und Kritiker. Seit 1996 Mitglied im P.E.N.-Zentrum Deutschland. Zahlreiche Stipendienaufenthalte, u. a. Paris, Künstlerdorf Schöppingen, Amsterdam, Künstlerhaus Edenkoben, Villa Waldberta, Calwer Hesse-Stipendium, Pécs im »Auswärtsspiel« der Kulturstiftung des Freistaates Sachsen, Stadtschreiber zu Rheinsberg.

Erste Veröffentlichungen: »grafiklyrik2«, 6 Gedichte mit Holzschnitten von Peter Herrmann (1979). »gedichte« zusammen mit Sascha Anderson und Bernhard Theilmann (1982). »Heimsuchung«, Gedichte (1987). »Stadtplan«, Gedichte (1990).

Jüngste Veröffentlichungen: »Schlüsseloper. Ein burleskes Spiel«, Libretto für eine Oper von Wilfried Krätzschmar (UA: 2. 12. 2006). »Das AnAlphabet«, Gedicht (2007). »Paris, geschenkt«, Romanbericht (2008). »Ferner näher«, Gedichte mit Zeichnungen von Angela Hampel (2013). »Märchen von einem, den es als Schloßschreiber aufs Land zog«, Märchen (2014). »Fünfkirchen fünf vor zwölf. Ein Pécs-Tagebuch« (2016).

Lektorat
Christine Jäger-Ulbricht
Sandstein Verlag, Dresden

Gestaltung
Norbert du Vinage
Sandstein Verlag, Dresden

Satz und Reprografie
Sandstein Verlag, Dresden

Druck
Westermann Druck GmbH,
Zwickau

Fotos
Alle Filmprogramme, Eintrittskarten, Autogrammfotos und Zeitungsausschnitte kommen aus der Sammlung des Autors.

Das gelbe Litfaßsäulenplakat »FILM« wurde freundlicherweise vom Stadtmuseum Dresden zur Verfügung gestellt.

Porträtfoto S. 206
Frank Höhler

Die Deutsche Bibliothek verzeichnet diese Publikation in der Deutschen Nationalbibliographie; detaillierte bibliographische Daten sind im Internet über http://dnb.ddb.de abrufbar.

www.sandstein-verlag.de
ISBN 978-3-95498-228-8

FILM

FILMECK-LICHTSPIELE
Dresden A, Altbriesnitz 2a
Linien 8, 18, 19 und Bus F

Täglich 17 u. 19.30 Uhr, Sonnabend, Sonntag u. Dienstag auch 14.30 Uhr

Bis Montag **Die Patienten des Dr. Aradi** (P 14)

Ab Dienstag **Das Lied vom Trompeter**
(P 10) Totalvision

Sonntag, 13 Uhr, Kindervorst.: Ein Mädchen in der Fußballelf (f. Kdv. z.)

STEPHENSON-LICHTSPIEL

Täglich 14.30, 17 und 19.30 Uhr

Drei Mädchen
Ein dänischer Farbfilm um „kühle Blonde" und

Sonntag, 12.30 Uhr, Kinderv.: Das Mädchen und der schwarze Heng

FILMTHEATER WEST
Dresden A, Lübecker, Ecke Raimundstraße
Linie 8, 18, 19, 20 und Bus F
Schwerhörigenanlage (Induktionsschleife)

Täglich 17 und 19.30 Uhr, Sonnabend und Sonntag auch 14.30 Uhr

Bis Montag **Schuß im Nebel** (P 6)

Ab Dienstag **Julia, Du bist zauberhaft** (P 18)

Sonnabend 21.45 Uhr, Spätvorst.: DAS HAUS DER LADY ALQUIST
Sonntag, 13 Uhr, Kindervorst.: Die goldene Gans (f. Kdv. z.)

FILMBÜHNE WÖLFNITZ

Täglich 14.30, 17 und 19.30 Uhr, Sonnabend auch 21.45 Uhr

Bis Montag

Der Sänger von Capri

Sonntag, 13 Uhr, Kindervorst.: Die Heinzelmännchen (f. Kdv. z.)

VOLKS-LICHTSPIELE
Dresden A, Otto-Franke-Straße
Linien 3, 7, 8, 11, 12, 17 u. Bus H

Täglich 14.30, 17 und 19.30 Uhr, Mittwoch nur 17 und 19.30 Uhr

Bis Montag **Das Glas Wasser** (P 14)
Ein graziöses Spiel voll Geist und Spott in einem westdeutschen Farbfilm mit Gustav Gründgens, Liselotte Pulver u. a.

Ab Dienstag **Helden der Tscheka** (P 6)
Liebe, Abenteuer u. Krieg im Dunkeln, ein spannender Film

Sonnabend, 21.45 Uhr, Spätvorst.: MUSIK IST TRUMPF
Sonntag, 12.45 Uhr, Kinderv.: Ali Baba und die 40 Räuber (P 6)
Mittwoch, 14.30 Uhr, Kinderv.: Das Feuerzeug (f. Kdv. z.)

MENSA der TECHNISCHEN UNIVERSITÄ
Mommsenstr., Ecke Düllerstr. Vorverkauf beim Pförtner im Rektoratsgebä

Donnerstag keine Filmveranstaltung

OBERSCHULE SÜD · KANTSTRASSE 2
Linie 11

Sonnabend 17 und 19.30 Uhr

Gefahr an meiner Seite (P 14)

Dienstag 16.30 und 19.30 Uhr

Das Haus in Montevideo
Anfangszeiten beachten! (P 14) Totalvision
50 % Zuschlag wegen verlängerter Spieldauer

KLUBHAUS „FRIEDRICH WOLF"
(Flugzeugwerft) Dresden N 2, Hauptstraße 55

Donnerstag

16.30 Uhr Kindervorstellung: Schneewittchen (f. Kdv. z.)

19.30 Uhr **Gefahr an meiner Seite** (P 14)

amm von Freitag, 1. Jan. bis Donnerstag, 7. Jan. 1965

Vorverkauf (außer Schauburg und Faunpalast): 2 Tage, bei Programmwechsel 1 Tag im voraus

AUBURG

Dresden N, Königsbrücker Straße 55 · Linien 5, 6, 7, 8, 13
Vorverkauf ab Programmwechsel — Täglich von 14 bis 20 Uhr für 2 Tage im voraus

Täglich 14.15, 16.45 und 19.15 Uhr, Sonnabend auch 21.45 Uhr

Des großen Erfolges wegen die 2. Woche verlängert!

Der fliegende Holländer (P 14)

in Totalvision und 4-Kanal-Magnetton nach der Oper von Richard Wagner. Regie: Operndirektor Joachim Herz

Sonntag, 9 Uhr, Kindervorst.: **Rauch im Walde** (f. Kdv. z.)

Sonntag, 11 Uhr, Matineevorst.: **DER FLIEGENDE HOLLÄNDER** (P 14)

DEUTSCHES HYGIENE-MUSEUM DRESDEN · KONGRESS-SAAL

Vorverkauf bei Fa. Ziegenbalk, Schillerplatz und Moden-Helfer Schäferstr.

Restkarten an der Abendkasse

Keine Filmveranstaltung!

Dresden N, Leipziger Straße 58 · Linien 10, 14, 15

en (P 14) Totalvision

iver Gläubigkeit

13, 14, 15,

Schwerhörigenanlage (Induktionsschleife)

raus täglich von 13 bis 19 Uhr

beachten! Ab Dienstag täglich 14 und 18.30 Uhr

ie drei Musketiere

(P 14) I. und II. Teil

nßnfechter Film nach dem bekannten Roman von Dumas
pelte Eintrittspreise

ntag, 10 Uhr, Kindervorst.: **Testpiloten** (P 6)

STRASSE

Dresden N, Großenhainer Straße 146
Linien 4, 9, 16, Bus B
Schwerhörigenanlage (Induktionsschleife)

aris (P 14)

0,50 MDN

Schwerhörigenanlage (Induktionsschleife)

handauer Straße 73 · Linien 3, 10, 16, 17, 19 und Bus T

e (P 18)

aus Finnland

8.30 Uhr, Kinderv.: **Flachskopf** (f. Kdv. z.)

FILMTHEATER am HAUPTBAHNHOF

Dresden A, Wiener Platz · Linien 2, 6, 9, 10, 15 und Bus D, H

Täglich 14.30, 17 und 19.30 Uhr

Wie gefällt Ihnen meine Schwester? (P 14)

Sonnabend, 21.45 Uhr, Spätvorst.: **WIE GEFÄLLT IHNEN MEINE SCHWESTER!**

Sonntag, 10 Uhr, Matineevorst.: **DAS HAUS IN MONTEVIDEO** (P 14) 50% Zuschlag

Sonntag, 13 Uhr, Kindervorst.: **Das purpurrote Segel** (P 6) Totalvision

---

T-B TAGESFILMTHEATER

Dresden N, Bischofsplatz 4
Linien 5, 6, 7, 8, 13
Schwerhörigenanlage (Induktionsschleife)

Täglich 10, 12.30, 15, 17.30 und 20 Uhr, Sonnabend auch 22.15 Uhr

Bis Montag

Pension Boulanka (P 16)

Ein DEFA-Kriminalfilm aus dem Artistenmilieu

Ab Dienstag

Wer erschoß Salvatore? (P 18)

Banditenjagd auf Sizilien in einem neuen italienischen Film

Sonntag, 8.30 Uhr, Kinderv.: **Schüsse an der Grenze** (P 6)

FILMTHEATER GOLDENES LAMM

Dresden N, Leipziger Straße 220 · Linien 13, 14, 15 Schwerhörigenanlage

Freitag bis Montag 14.30, 17 und 19.30 Uhr

Bis Montag

Der Schwur des Geächteten (P 6)

Das monumentale Farbfilmpanorama einer bewegten Zeit

Sonntag, 12.30 Uhr, Kinderv.: **Drei Unentwegte** (P 6)

FILMTHEATER SCHILLERGARTEN

Dr. A. Schillerplatz 8 · Linien 2, 3, 16, 18, O-Bus C, Bus T Schwerhörigenanlage

Täglich 12.15, 14.30, 17 und 19.30 Uhr (außer Sonntag 12.15 Uhr)

...und du mein Schatz bleibst hier (P 14)

mit Vivi Bach, Trude Herz, Hans Moser, Paul Hörbiger, Susi Nicoletti, Oscar Sima, Gus Backus u. a.

Sonnabend, 21.45 Uhr, Spätvorst.: **... UND DU MEIN SCHATZ BLEIBST HIER**

Sonntag, 13 Uhr, Kindervorst.: **Das Kind und das Fischlein** (P 6)